自尊感情が育つ
元気教室

園田雅春
Sonoda Masaharu

解放出版社

装丁●森本良成

はじめに

保護者懇談会。その席上で、一人の親から「自尊感情って何ですか」という質問がとび出した。さて、あなたならどう答えますか。わかりやすく、できるだけ簡潔に答えるとすれば。

今日、自尊感情をはぐくむことの大切さについては、ほとんどの教師が理解している。ところが、自尊感情とは何かとあらためて問われると、おそらく百人百様の返答がなされるのではないだろうか。また、「それはどうすれば育つのか」という問いにも、さまざまな回答が用意されるにちがいない。自尊感情ということばが流布すればするほど、その意味合いも「自信」から「アイデンティティ」にいたるまで、どんどん膨れあがっているように思えてならない。

本書は、このような百花繚乱《ひゃっかりょうらん》の状況に真正面から切り込もうとするものではない。あくまでも現場目線を大切にしながら、子どもの自尊感情は、どこで、どのようにはぐくまれていくか、ということを主眼とした「選《よ》り抜きコラム集」である。自尊感情の意味合いについても要所々々でふれている。

四八本のコラムを、読者がパッチワークのように自在に縫い合わせて、子ども・自尊感情・

学級形成・授業改革というキーワードが織りなす「元気教室・元気学校・元気社会」の姿を、イメージ豊かに構想していただければ幸甚である。

そこには生身の子どもが存在感をもって輝き、そばに居合わせる教師もおとなも元気づく世界があるものと確信している。が、ここでわすれてはならないのは次の一点である。

「一人の子どもを粗末にするとき、その学校その教育は光を失い、その地域は未来を失う」

粗末にされがちな子どもとはいったいだれか。被差別マイノリティ、社会的経済的格差に打ちひしがれている子どもである。いや、現にその子どもたちは粗末にされた状態にある。

自尊感情の形成に金はかからない。学校ではこれの集団的な形成が可能なのだ。本書が、学習意欲と人権感覚の源泉である自尊感情をはぐくむための一助となればこの上なくうれしい。

ここに収めた小品は月刊誌『部落解放』（解放出版社）、『兵庫教育』（兵庫県教育委員会）、『道徳教育』（明治図書出版）に長期連載した稿に手を加えたものである。教育現場で奮闘する先生方、子育て中の保護者、そして教師をめざす学生諸君にぜひ読んでいただきたい。

さいごに、本書を上梓《じょうし》するにあたり解放出版社編集部の小橋一司さんには一方ならずお世話になった。心より謝意を表します。

二〇一六年七月

園田 雅春

自尊感情が育つ元気教室●もくじ

第Ⅲ章　教師——このすばらしき仕事

第I章

「自尊感情」をはぐくむ教室

「ほんとうに偉大な教師」

ことばの力にハッとさせられることがある。それとの偶《たま》さかの出会いというものは、じつに刺激的で感慨深い。

つい先日もそうだった。講演直前、もらった冊子を会館ロビーで何気なく繰っていて、思わず釘《くぎ》づけ状態になってしまった。新任教員対象の講演会だったため、さっそくその冊子を高々と掲げて紹介した次第である。

今回出会った名言。それは比較的知られているようだが、初見の私は久々に唸《うな》ってしまった。その余韻いまだ消えず、この稿でも紹介させていただく。

凡庸な教師はただ指示をする
よい教師はわかるように説明する
すぐれた教師は自らやってみせる
ほんとうに偉大な教師は

子どもの心に火をつける

（ウィリアム・アーサー・ウォード）

「教師」と記されている個所は「親」「指導者」などに読み替えても十分通じそうだ。ただただ納得。そして、凡庸な自分は反省すること、しきりである。

ことばを選び、簡潔明瞭に「ただ指示をする」ならまだしも、子どもに向かってアレもコレもと、くどいぐらい口先で指図をする。そんなことが少なくない。しかし、これは相手に「わかるように説明」しなければという「よい教師」の前向きな善意に由来するものなのだ。惜しみない親切心のほとばしりといってもよい。

ところが、これがしばしば饒舌《じょうぜつ》となり、結果的に子どもの口を封じてしまう。そして、ときには思考や意欲までも奪い取ってしまうのである。まさに「小さな親切　大きな迷惑」の典型といえる。

子どもは親・教師の言うとおりには育たない。親・教師のやっているとおりに育つ。そのような言説もあるが、やはり口先での指示ではなく、おとな自身が「自らやってみせる」こと。その背中も腹も見て子どもは育つのである。

何はともあれ、この名言は最後のフレーズが心憎い。「ほんとうに偉大な教師」の役どころ、ミッション性。それが端的に、しかも意外性を持って語られている。「凡庸な教師」「よい教師」「すぐれた教師」などと、ランクづけやレッテル貼《は》りをしている点が不快に感じられるかもしれない。だが、一人の教師が成長を遂げていく過程を例示したものととらえるなら、その不快さは、少しは緩和されるのではないだろうか。

ここで、最終フレーズの意外性について少しこだわってみたい。「凡庸な教師」「よい教師」「すぐれた教師」と、順次読み進めるごとに、教師の行為自体も「指示」「説明」「やってみせる（演示）」と、進化のほどが明示されていく。

そして、いよいよ「ほんとうに偉大な教師」の段へ。「すぐれた教師」を超える行為とは、いったいどのようなものか。そう期待すると、突如「子ども」が登場。視点が学びの当事者である子どもに移され、「心に火をつける」と結ばれる。

みごとな展開である。ここに読み手はことばの力を感じるわけだが、それは同時に表現のわざの力でもある。

かくして、大方がうなずいてしまう。

「子どもの心に火をつける」こと。それが教師のミッションとして、いかに重要であるかという点にまったく異論はない。異論はないものの、この名言にすっかり火をつけられた読み手は、ついつい考え込んでしまう。じゃあ、いったい「子どもの心に火をつける」ために「ほんとうに偉大な教師」は何をどのように為《な》すのだろう……、と。

じつは、ここが核心部分である。火がついた子どもは「もっと学びたい」と、自ら進んで、貪欲に学びへと向かうにちがいない。すなわち、持続的な学びの意欲をどう育てるか、という問題に行き着くわけである。

今日の学校教育は「学力」「思考力」「判断力」「表現力」「活用力」「コミュニケーション力」など「力」ずくめの状態で、さらに上位概念として「生きる力」「人間力」がある。まさしく「力」一辺倒の時代だ。しかし、「力」を育てるためには「学びたい」という本人の「欲」をいかに喚起するか。これが根本命題なのだと、この名言は教えてくれる。

「力」より「欲」なのだ。「学力」を育てたいなら「学欲」を。では、この「欲」に火をつけるには、いったい何が必要なのか。答えはそう単純ではない。

だが、明白なこと。それは、教師が仮に火をつけたとしても、当の子どもに自尊感情という良質な「ガソリン」が枯渇していれば、火はまたたく間に消えてしまうということである。

自尊感情という「ガソリン」

「センセは講演のなかで、よく新聞の投書記事を引用されますよね」

M県の校長さんから、こんな指摘を受けた。

「はい、投書のなかには貴重な事実が記録されていますからね」

すると、校長さんは笑顔でつづけた。

「じつは、私も見習って、先日の児童朝会で、ある投書記事を紹介したんです。すると、子どもたちの反応がとてもよかった。皆がよく聴いてくれました」

何やら人助けをしたようで、思わずこちらも笑顔になった。

投書記事は新聞社の編集フィルターを通過したものではあるが、まちに生きる「普通の人々」の地の声、暮らしの事実と感動が刻まれている。それは哲学者の鶴見俊輔《つるみしゅんすけ》が『思想の科学』でこだわりつづけた、貴重な「日本の地下水」に相通じるものがある。

前置きはここまでにして、私がまさにお宝としてファイルしている投書記事の一つを紹介してみたい。

高校三年生の娘を持つ母親の投書である。タイトルは「学校を休む子を信じる大切さ」（朝日新聞二〇〇九年一月九日朝刊）。かなり前に掲載されたものだが、内容はまったく色褪《いろあ》せてはいない。

中学生のころから不登校気味だった娘を、母親は「気弱な性格が原因」と思い、叱りつけたり「時には暴力をふるって」学校へ行かせようと躍起になっていた。

その心中を母親はこう綴《つづ》っている。

「みんなと同じようにしてくれないと……、社会で通用しない大人になるのでは……。不安ばかりの日々でした」

投稿者の名前から在日韓国・朝鮮人であることが読み取れる。日々の心労は想像を超えるものだったにちがいない。

そうでなくてもアン・フェアなこの世の中で、社会的立場を持つ娘が高校中退となれば、この先いったいどうなることか……。考えれば考えるほど、母親の不安は募ったにちがいない。

そんなある日、娘の通う高校で母親は一人の教員と出会う。たまたま、食堂で同席したのだ。教員が口にしたのは「〇〇ちゃんは強いなあ～」だった。耳を疑った母親は、すぐさま「弱い性格なのに、なぜですか」と尋ねる。すると、こんな事実が語られたのだ。

「学校で〇〇ちゃんは浮いている。普通の弱い子なら、皆と同じように化粧したり、茶髪《ちゃぱつ》にしたりして安堵《あんど》感にひたる。でも、○○ちゃんは自分の信念をしっかり持って染まらない。それでいいんや」

母親はその場で泣いてしまった。

「子どもを信じることができなかった自分を恥じました」

このときの心情をそう吐露している。

「気が弱い」「ちょっとしたことで、すぐ落ち込む」「どうして、あんたはそんなに弱いのよ」と、母親は毎度毎度娘を叱りとばしていたのだろう。そして、時には暴力も——。

「子どもの悪い点ばかりをあげつらっていると、そうなってほしくないような人間になってしまう」

これは心理学者デニス・ウェイトリーの名言だが、娘はますます「自分は弱い人間」という思いにとらわれていったにちがいない。

ところが、ある日「○○ちゃんは強い……」という教員が現れたのだ。明確な根拠まで示してくれる人だった。

学校から戻った母親に、一部始終を聞かされた娘。彼女の胸中には、いったい何が届いたのか。それは自尊感情という「ガソリン」だろう。

「自分のことを認めてくれる人がいる」「自分は見捨てたものじゃない」「いつも厳しい母も、

いまこうして自分のことでこんなに語ってくれている」

そう気づいたとき、本人の胸はどれほどときめいたことか。

教員と母親からガソリンをもらった彼女は、翌朝、自分でエンジンをかけると、かかるではないか。アクセルを踏めば、ゆっくり前にも進んだ。

母親は投書をこのように結んでいる。

「次の日から遅刻しながらも、学校へ毎日行くようになりました」

心打たれるのは、何といっても教員の「それでいいんや」ということばだ。豊かなことばである。いや、この教員の子どもを観る目が豊かなのだ。

いま「友だちのよいところ探し」が教育現場を席巻《せっけん》している。が、「弱い」と思われている子どものなかにある「強さ」を見て取る目。「しんどい」と思われている子どもの「しんどくないところ」をつかみ取る教員、そして仲間の感性。

子どもはその目、その人との出会いを求めて毎日生きている。

省吾の「宝もの」

その日、五年生の省吾は男物の腕時計を握って、みんなの前に立った。

「これが、ぼくの宝ものです」

右手に持った腕時計を顔のあたりにかざしながら、遠慮がちに話を始めた。

「ぼくにはお兄ちゃんがいました。お兄ちゃんは高校二年生のとき、単車の免許を取りに行って、一発で合格して、喜んで友だちの単車を借りて、家のまわりを走ってました。

そして、宅配便のトラックとぶつかりました。警察から家に電話がかかってき、お母さんとぼくはびっくりして病院に行きました。

病室に入ると、お兄ちゃんの顔には白い布がかぶせられていました。お母さんはお兄ちゃんの体を揺すりながらすごく泣きました。それでも、お兄ちゃんは動いてくれませんでした。

お兄ちゃんが腕にはめていた時計の針だけが動いていました。

その時計が、これです。いまもずっと動いています。だから、これがぼくのいちばん大切な宝ものです。」

省吾は、ふたたび腕時計を顔にかざすと、力を込めて話を終えた。

教室は静まり返った。見た目は、ふつうの腕時計だ。その向こう側に、こんな悲しい物語があったのだ。

子どもたちも私も、まったく声が出なかった。その場でできたのは大きな拍手、長い拍手を送ることだけだった。

衝撃は、もう一つあった。この子は、人前でこんなに話をしてくれる子どもだったんだ……。それがわれわれにとって二つ目の大きな驚きだった。

省吾は授業中、よく発言をするタイプではなかった。また、休み時間、仲間と積極的に盛り上がるような子どもでもなかった。

その省吾が、いまこうして自分たちの前で、こんなに語ってくれたのだ。

省吾という一人の子どもの「奥行き」を、まざまざと見せつけられた瞬間だ。

教師は多くの子どもたちを前にすると、ついつい子どもをマス（かたまり）として見てしまいがちである。

「木を見て、森を見ず」では教育活動は立ち行かない。「森を見て、木を見ず」では混乱が高じるばかりだ。「木も見て、森も見て」こそ、教育という営みは成立し持続できる。とても高質な目配りが求められるものなのだ。

「木を見れば、森が透けて見える」という仙人の域に達したいものだが、これは容易なことではない。しかも、見るだけで済むのではなく、たしかな育ちの保障をめざすのが教育という営みなのだ。

木が光り輝き、その光に浴して森全体が輝くということ。また逆に、森が光り輝き、その光に浴して一本の木が輝きはじめることもある。

いずれにしても、それは一朝一夕に実を結ぶような単純でスマートな営みではない。泥くさい営みの気長な蓄積であり、成果の全容が数値などで表現できるようなものではない。

そのような地道な日常性にエキサイティングな一石を投じ、教室に波紋を起こすための意味ある題材。その一つが今回の「自分の宝もの」であった。とっておきの宝ものを介して、自分のくらし・生い立ち・歴史の一端を、森である教室のみんなに無理なく語る。

その日、発表の順番に当たっていた省吾は、自身のいちばんの宝ものを学校に持参し、語ってくれた。

そのことによって、子どもたちも私も「知っていたつもりでいた省吾」から、知らなかった物語を聴き、あらためて省吾を知り直したのだ。それは、私にとって省吾にホレ直す瞬間であり、省吾という個を大事にしなければという思いをいっそう深くする日であった。「同聴」した子どもたちも、同じ思いをいだいたものと確信している。

今夏の「長期ロード」終盤の日程に、地元大阪で人権教育研究協議会が主催する夏季研が入っていた。その一日目のセミナー講演でも「自分の宝もの」について少しふれた。五〇〇名近い参加者だったので質問カードが用意されたが、回収された一枚のカードのなかに、このようなものがあった。

「宝ものがない子がいる可能性は?」

「生い立ちの記」「二分の一成人式」などに取り組む際、十二分な配慮が必要なことはいうまでもない。だが、私の結論は「宝ものがない子どもなどいない」だ。もし「ない」と訴える子どもがいれば、まずは、その子と語り合うビッグ・チャンスの到来である。さまざまな対話のなかで、本人が「あった!」と気づいてくれれば幸いだ。仮に、ないない尽くしの返答であったとしても、こちらからの最後の切り札は二つでも三つでも用意できるではないか。

「絶対的自尊感情」というもの

自分は「人並みの能力がある」と思うかという問いに「とてもそう思う」と答えた高校生は、アメリカ55・9%、中国33・4%、韓国16・7%。ところが、日本はわずか7・4%。

一方「自分はダメな人間だと思うことがある」か、という問いに「とてもそう思う」と答えた高校生は、アメリカ14・2%、中国13・2%、韓国5・0%。だが、日本は25・5%と非常に高い。

これは国立青少年教育振興機構が二〇一四年度に調査を実施し、二〇一五年の八月末に発表した内容の一部である。

日本青少年研究所が二〇〇八年におこなった同様の調査では、自分は「人並みの能力がある」と思うか、という問いに「とてもそう思う」と答えた日本の高校生は8・4%だった。また「自分はダメな人間だと思うことがある」か、という問いに「とてもそう思う」と答えた高校生は23・1%だった。好転している気配はない。日本の子どもの自尊感情は依然きびしい状態にある。

今回、国立青少年教育振興機構が調査対象とした日本の高校生（一年生〜三年生）は二〇〇八、二〇〇九、二〇一〇年度にそれぞれ小学六年生だったため、「全国学力・学習状況調査」を受けている。その調査では例年、「児童質問紙」のなかに、つぎのような質問項目が設けられている。

「自分には、よいところがあると思いますか」

この問いに「当てはまらない」つまり「自分には、よいところがない」と断定した六年生は二〇〇八年度が７・４％、二〇〇九年度が７・１％、二〇一〇年度が７・１％。いずれも10％未満だった。もちろん、７％とて看過できない数値ではあるが、自分は「人並みの能力がある」「自分はダメな人間だと思うことがある」という項目に通底する調査項目であるだけに、思わず首をかしげざるをえない。

いまとこれからを生きる子どもたちには、せめて自分は「人並みの能力がある」と確信を持ち、なお「自分はダメな人間ではない」と、立ち上がることのできるしたたかな復元力を保持してもらいたいものだ。

その内的基盤としては、本質的で安定した自尊感情がいかに形成されているか、ということが大きい。この点を意識してか、教育現場では子どもの「よいところ」を探して「ほめてあげる」という活動が近年、急激に流布している。

悪いことではない。全否定されることではない。だが、あなたには「よいところ」があるから「ほめてあげる」。「よいところがある」から、あなたはすばらしい。この流れにはまり込めば、落とし穴が必ず待ち受けている、ということを忘れるわけにいかない。

「よいところ」とは、その状況下において与えられるもの、つまりは相対的なものであるために、別の状況下においては「よいところ」であったはずのものが、そうではなくなるという悲劇的な事態をしばしば生んでしまうのである。

問題はそのような現実に直面したとき、しぶとく立ち上がれるか。それともボキッと音を立てて折れ絶えてしまうか、である。この分水嶺《ぶんすいれい》に立たされたとき、心強い杖《つえ》の役割を果たしてくれるものが求められる。正確には外なる杖と、内なる力だ。これは他者から届けられ、自己の内に棲《す》みつく「もう一つの自尊感情」である。それは核心的な自尊感情であり、絶対的自尊感情というものだ。すなわち「世界がどのようにあなたを評価しようとも、私はあるがままのあなたが好きです」ということばに代表される届け物である。

ところが、この絶対的自尊感情の形成はそう容易ではない。

手元に、今夏におこなった講演の感想が寄せられているので一部紹介したい。

「子どものよいところや、がんばりをほめることはたくさん取り組んできましたが、その子の存在を決める言葉がけまで意識できていなかったことを改めて気づくことができました」

「子ども一人ひとりをかけがえのない存在として、丁寧に見ていくことの大切さを改めて気づきました。子どものありのままを受けとめる大切さを知っていながら、なかなか日々の活動では実践できていないと反省しました」

「その子の『奥行き』を感じるというのが、全てだと思いました。子どもの表面だけを見ずに背景まで理解し、受けとめ、『あなたはあなたのままがいい』と伝えることが大切だと思いました」

教育現場はもとより、家庭・地域から絶対的自尊感情形成の「事実」が豊かに生み出されることを期待したい。

「ぞうさん」と自尊感情

口ずさむだけで、あの長い鼻がゆったり動くさまが目に浮かんでくる。

一九五二年ごろの発表とされる童謡「ぞうさん」は、歌詞とリズムがみごとに合致していて、時代を超えて多くの人々に親しまれてきた。

その作詞者まど・みちおさんが二〇一四年二月二八日に逝去された。享年一〇四歳。

「ぞうさん」は、平易な五行詩でありながら、とても味わい深い。

一〇〇歳を迎えた年に、まどさんは自作について東京新聞のインタビューでこのように語っている。

「『鼻が長い』と言われればからかわれたと思うのが普通ですが、この子ゾウは『お母さんだってそうよ』『お母さん大好き』と言える。素晴らしい。人の言うことに惑わされて、自分の肝心な部分を見失ってしまうのは残念です」(二〇〇九年一〇月二八日朝刊)

自分の身体的特徴などを他者から唐突に指摘されると、それがいくら穏やかな口調であっても「からかわれた」「気分が悪い」と思ってしまいがちだ。ましてや、自分がイライラ・カリカリした精神状態にあるとき、不意に「鼻が長いのね」などと言われると、なおさら心中は穏やかでなくなる。

さらには、自分の存在と生が肯定できなくて、自己卑下・自己差別の感情にさいなまれているときだったらどうだろう。その場で大ゲンカを始めてしまうかもしれない。「鼻が長いのね」と言ってきた相手がキリンだとすると、言われたゾウはどうするか。売りことばに買いことばだ。「オマエかて、なんじゃあ。その長い首は……」と相手を罵倒し、はげしいケンカを始めるかもしれない。また、相手がリスだったら、言われたゾウはどう反撃するだろう。おおよそ見当がつく。

しかし、まどさん作のこの子ゾウは反撃などいっさいせずに「そうよ」と一言。相手の指摘をすべて受け入れてしまうのである。

それはどうしてか。この子ゾウには揺るがぬ理由があった。

「かあさんも　ながいのよ」

母親という大きな後ろ盾、精神的支柱がこの子ゾウには存在しているのである。

かあさんは、暑い日にはあの長い鼻で身体じゅうにいっぱい水をかけてくれる。こわい動物が近づいてきたら、あの鼻で勇敢に立ち向かってくれる。おなかが空《す》いたら、あの鼻でおいしいご馳走《ちそう》をたっぷり与えてくれる……。

「いつも自分を大事にしてくれるかあさん。自分にとって、なくてはならないかあさん。大好きで、大切なかあさん。そんなかあさんのお鼻と、自分のお鼻はいっしょなのよ」

自分の鼻、さらには自分の存在にまで誇りを感じている子ゾウの気持ちを代弁すると、きっとこうなるだろう。

自分は大事にされている、という実感。つまり被尊感を深くいだきつづけているこの子ゾウは、かあさんを「給油元」とする絶対的な自尊感情を安定的にはぐくむことができているわけだ。まさしく「ココロも満タン」状態にあるため、他者のお節介を「そうよ」と、かくも積極的に受容することができるのである。

「そうよ　かあさんも　ながいのよ」

この非攻撃的自己主張は秀逸だ。アサーションは単に技法のトレーニングで身につくのではなく、自尊感情の形成という根本的な問題を忘れてはならない。そのことをも「ぞうさん」は示唆してくれている。

さて、一方の「そうよ」という返答を受けたキリンはどう思っただろう。その瞬間は「……」だったかもしれない。しかし、ある重要なことに、はたと気づいたのではないか。

「そうか。自分は首が長いことを、ずっと苦にしていたけれど、大好きだったおばあちゃんも、亡くなったとうさんも、同じ長い首だった……。『自分の肝心な部分』を見失っていた」

このように子どもから想ってもらえるようなおとなになりたいものですね。まどさんのそんなメッセージが聴こえてきそうである。

とある講演会で「ぞうさん」の詩にふれながら、例のごとく持論を語ったことがある。そのあと、控え室に私を訪ねて一人の女性が入ってこられた。被差別部落に生を受け、その地で育ち、現在も解放運動に地道に携わっているKさんだった。やわらかい笑みを浮かべながら、静かに話された。

「もうすぐ私、初孫ができるんよ。その子も苦労が待ってるかもしれないけど、でも、きょうの『ぞうさん』のお話を聴いて、孫からあのように言ってもらえるようなおばあちゃんになろうと思う……」

私は胸が詰まってしまい、両手で握手を求めた。

つぶやきが生んだ授業

「さて、この詩の題名は何でしょう」と、クイズ番組のような軽い授業をしたことがある。使ったのは、まど・みちおの詩。相手は五年生。

とうとう
やじるしになって
きいている

うみは
あちらですかと……

（『まど・みちお全詩集』理論社、一九九二年）

子どもたちは想像力を駆使して、さまざまな意見を出してくれた。「やじるし」「道路標識」

「風見どり」「魚の骨」「たこ」「いか」……。

じつは、まどさんはこの詩の題名を「するめ」としている。正解を聞いて子どもたちは大きくうなずいた。ところが、こんなつぶやきが生まれたのだ。

「哀れやなあ、するめって」

「ほんま。なんか気の毒になってくる」

「ちょっと、食べる気なくした」

海で仲間とのびのび泳いでいたイカ。それが人に捕まり、干されて、元の姿とはまったく違ったかたちに。それでもなお、自分の生まれたふるさと恋しとばかり、全身矢印になって「うみはあちらですか」と、浜辺を行く旅人や店先を訪れるお客に尋ねているのです——。

こんなお節介な解説を入れたものだから、子どもたちは哀れみを感じたのだろう。

そう悔やみつつ、私は反撃に出た。

「そうかなあ。でも、このするめは幸せ者やと思うなあ……」

こう切り出して、話をつづけた。

「だって、このするめさん。自分の体をまるごと突き出して『うみはあちらですか』と、堂々と尋ねている。会う人会う人に、自分のふるさとを胸張って言えるなんて、それはやっぱりぜんぜん哀れではない。不幸とは思えないなあ」

「自分のふるさとを隠さざるをえない人。自分の本当の名前を語ることのできない人。自分の本当の仕事を話せない人……。このように、本当の自分を突き出して生きることができず、つらい思いをしている人は、この世の中に間違いなくいる。

もしかすると、みんなのなかにも本当の自分のことを言えずに、苦しんでいる人がいるかも……。でも、その人はきっとそんな人々の気持ちにダイレクトにつながることができると思う」

明らかに作品の深読みだ。教師の語り過ぎでもある。しかし、優れた作品ほど読み手の想像力を自在にかき立ててくれるものだ。また、うれしいことに、子どもたちは胸に響くものがあったのか、じっと耳を傾けてくれた。

一九冊もの詩集を上梓《じょうし》し、八三年の生涯を閉じた詩人の塔和子《とうかずこ》さん。彼女は一三歳のとき、ハンセン病により大島青松園《おおしませいしょうえん》に隔離される。その後、名を変え、作品を発表する二四歳のときには姓も変えた。「家族が差別されないよう、実家につながる痕跡を隠した」とされている。世にいうペンネームとは大きく訳が違う。

また、私の大切な知人、松村智広《まつむらさとひろ》さんは、自著『あした元気になあれ』（解放出版社、一九九六年）のなかで、高校時代のことをつぎのように述べている。

「友だちと話をするときは、住んでいる所については話題にせず、話題になってもすぐに違う話にもっていった。極力、家へは友だちを連れて来なかった。三年間でほんの数回だったが、連れて来るときは必ず裏道を通ってきた。わざと覚えにくいややこしい道を通ることで、友だちが自分たちだけで来ることのないよう、また住所がわからないようにという気持ちからだ。」

もっとも多感な時期の苦悩と葛藤が、ひりひりと伝わってくる一節である。

朝日新聞（二〇一四年三月一一日朝刊）の投書欄で、こんな記事を目にした。

「私は自分が福島出身であると自分から言いたくない」「福島出身とは言えないよね」「『東北の方』って答えるかも」「でも『東北の方』なんて答えたら、逆に何か隠してるってわかっちゃうよ」

高校の先生が生徒たちの声を拾い「一体何の責任があって、彼女たちはこのような状況を抱え込まなくてはいけないのだろうか」と書いている。

異論はない。が、一つだけいえることは、いま彼女たちは差別の現実に深く学べる固有の回路を有しているということ。辛苦を共有できる人々と出会い、つながることの深い意味を身体に刻み込むことができる立場にある。

あなたは一人ぼっちじゃない。抱え込まず、貪欲に学んでほしいものだ。

夢まで奪われる子ども・若者

「うちのH市では、学力が向上してきたので、近くその成果を本にして出版することになりました」

指導主事が誇らしげに話す。その翌日のこと。

「うちのF市は、今年度から全市あげて全国学力テストを実施することになりました」

小学校の校長さんが困り顔で話してくれた。この全国学力テストとは民間会社が売り出している商品。いま全国的に人気沸騰中らしい。「新学習指導要領準拠版」と銘打たれているが、文科省が毎年実施する「全国学力・学習状況調査」の準拠版という色彩が濃い。いわば文科省がおこなう本番テストのための模擬テストのようなものだ。

本番は毎年、小六と中三に実施されるが、F市では小四、小五と中一、中二にこの民間会社のテストを受けさせる。

「いま、日本の教育システムはよりいっそう一律型一斉型を促進しようとしている」という指摘がある。そのとおりだ。まさに、すべての道は学力調査の数値に通じるよう設計されつつある。

そのような最中《さなか》、非常に深刻な調査結果が発表された。

「日本の若者、自信も希望もない?」

朝日新聞（二〇一四年六月四日朝刊）はこんな見出しで報じた。前年、日本・韓国・米国・英国・ドイツ・フランス・スウェーデンの七カ国の若者（一三歳〜二九歳）を対象に、内閣府がおこなった意識調査だ。その結果、日本の若者の現状たるや惨憺《さんたん》たるものであることが明らかになった。何項目か紹介してみよう。

〈あなたは、自分の将来について明るい希望を持っていますか〉

この問いに「希望がある」「どちらかといえば希望がある」と答えた者の合計は米国が最高で91・1%。米国を含む他の六カ国の平均は87・3%。ところが、日本は61・6%と最低値。

グラフにすれば日本だけ陥没していることが一目瞭然だ。「この国には何でもある。だが、希望だけがない」と、村上龍《むらかみりゅう》が自著で述べたのは二〇〇二年。現在「希望格差」だけが進行中であることは確かだ。

〈私は、自分自身に満足している〉

この問いに「そう思う」「どちらかといえばそう思う」と答えた者の合計も米国が86・0%で最高。米国を含む他の六カ国平均は79・8%。ところが、日本は45・8%と最低値。

これは、日本の若者が現在の自分になど満足せず、「まだまだ」と前向きで向上心にあふれているからだ。そう受け止めたいところだが、それはあまりにも好意的。誤った解釈といわざるをえない。つぎの三つの質問結果と合わせてとらえることが必要なのだ。

〈自分には長所があると感じている〉か。自己肯定感に関するこの問いに「そう思う」「どちらかといえばそう思う」と答えた者の合計も米国93・1％で最高。米国を含む他の六カ国の平均は85・8％。ところが、日本は68・9％と最低値だ。

〈うまくいくかわからないことにも意欲的に取り組む〉か。意欲について尋ねたこの問いに「そう思う」「どちらかといえばそう思う」と答えた者の合計はフランス86・1％で最高。フランスを含む他の六カ国平均は77・2％。ところが、日本は52・2％と最低値。

〈この一週間の心の状態について『つまらない、やる気がでないと感じたこと』があった〉

この問いは意欲についてさらに掘り下げて尋ねているが、「あった」「どちらかといえばあった」と答えた者の合計は、なんと日本が76・9％で最高。他の六カ国の平均は52・3％。最低値はフランスの44・4％。

日本政府はこれらを『平成二六年版子ども・若者白書』として閣議決定。新聞各紙はその内容を、小さな記事で一部データとともに報じたが、今回の調査結果は決して小さく済まされてよいものではない。

いまを生きる力の源泉としての「自尊感情」も、明日を生きる力の源泉としての「希望」も、七カ国中最低位にある日本の若者。この調査結果から聴こえてくるのは「どうせ自分なんか……」「しょせん私なんて……」「ムリ。やる気ない」「自分はどうなってもいいし」という悲痛な自己差別感や無力感だ。

ここから危惧されるのは学習意欲や労働意欲の問題。いや、何よりも人としての根源的な価値にかかわる「自分の大切さとともに他の人の大切さを認めること」。すなわち人権感覚や人権意識の根幹にふれる問題である。それがいま危機的状況にある。背景分析と手厚く多角的な子ども・若者支援が急務だ。

「命の教育」って何？

ある女優の顔を大写しにした一枚の写真。それを講演の際、両手で掲げながら本題に入ることがある。

だが、近年、この写真をまたしても多用しなければならなくなった。長崎県佐世保《させぼ》市で、高校一年生が同級生殺害容疑で逮捕されるという事件が発生（二〇一四年七月）したことも衝撃的だった。

一九九七年に起きた神戸《こうべ》連続児童殺傷事件との類似性も指摘されるところだが、なぜまた、このような事件が起きてしまったのだろう。容疑者とその周囲にはいったい何が大きく欠落していたのか。何が過剰だったのか。

新聞報道などから情報をつなぎ合わせ、さまざまに推察することはできる。が、精緻な背景分析や精神鑑定などによる「深層」の究明が待たれるところである。

大事件や大事故、さらには政治の大きな動きが相次ぐ現代社会において、一つの出来事が日に日に記憶から遠のいていきがちだ。まったくもって困った現実である。だが、ここで意を払うべきは、事件の政治利用という常套《じょうとう》的な方略ではないか。

今回の事件によって「道徳の教科化」にとどまらず「道徳の首位教科化」にいっそう拍車がかかる。そして「命の教育」「心の教育」「規範意識」「愛国心」といった乾いたことばも、さらに声高に叫ばれるということだ。

これが単なる懸念で済めばよいが、「人格教養教育推進議員連盟」設立総会が、二〇一四年六月、国会内で開催され、「道徳の教科化」の応援団となった。安倍首相・野田前首相が最高顧問。会長の下村文科相（当時）は「人として、もっと求道的な思いを持たなければいけない。そのために人格教養教育はある」とあいさつしたという。

「集団的自衛権は要りません」「納得してませんよ」と訴えた被爆者に「見解の相違です」と、貧相な返答しかできない一国の首相にこそ「人格教養教育」が必要ではないのか。小学校学習指導要領「特別の教科 道徳」の内容のなかには、次のような項目が明記されている。あえて転記しておこう。

「自分の考えや意見を相手に伝えるとともに、謙虚な心をもち、広い心で自分と異なる意見や立場を尊重すること」

週一時間の「道徳」の時間。これを教科にしようとする動きは、第一次安倍内閣の折に設置された「教育再生会議」で具体化。その提言を受け、中教審でも議論された経緯がある。しかし、そこでの議論のなかで「道徳」に「検定教科書」を使用することは「個人の内面にかかる問題を扱うので検定になじまない」、成績評価についても課題が残るなど慎重な意見が多く出され、結果的に「道徳の教科化」は見送りとなった。

ところが、第二次安倍内閣で設置された「教育再生実行会議」の第一次提言（二〇一三年二月）において「いじめ問題等への対応」が早々とまとめられた。そのなかで「いじめの問題が深刻な事態にある今こそ、（略）道徳教育の重要性を改めて認識し、その抜本的な充実を図るとともに、新たな枠組みによって教科化すること」が再提言されたのである。

ここでいういじめ問題とは、二〇一一年一〇月に発生し、大きく社会問題化した大津《おおつ》市中二男子生徒のいじめによる自死を指している。命をも奪ういじめ問題は重要な課題であることはいうまでもない。だが、これの対応策として「道徳の教科化」を導入。それが国の方策であった。

子どもを「いじめ加害に向かわせる要因」とはいったい何か。

それは「友人ストレッサー（ストレスをもたらす要因）」「競争的価値観」「不機嫌怒りストレス」である。これが三大要因であり、「それらの要因が高まると、加害に向かいやすくなる（リスクが高まる）」「三つの要因の改善が、いじめ発生のリスクを減らすことは間違いない」と、文部科学省・国立教育政策研究所は調査研究の結果を明らかにしている（『生徒指導リーフ8』

二〇一二年九月)。

いじめ根絶はこの三大要因の解消にある。にもかかわらず「道徳の教科化」をその対応策の筆頭に持ち出したことは、いじめ事件の政治利用というほかない。調査にもとづいた厚い学的研究の成果を、もっと尊重すべきであろう。

「命を大切にする教育」とは何か。その核心を突く内容を、女優の栗山《くりやま》千明《ちあき》がみごとに語っている。

命は大切だ　命を大切に
そんなこと何千何万回言われるより
「あなたが大切だ」
誰かがそう言ってくれたら
それだけで生きていける

(ＡＣ公共広告機構)

かつて、テレビを通して全国に流れたこのことば、このフレーズの意味は限りなく深い。

「ほんとに　それでいいの？」

毎年、「全国学力・学習状況調査」の結果が出るや、各種マスコミは大きく取り上げる。その一方で、点数争いにいっそう拍車をかけるような結果の公表、さらには点数が全国平均を上回った学校の校長名を開示する知事まで出現。国からの「おとがめなし」をこれ幸いと「暴走する首長」が後を絶たない。

学校には、調査結果の刷り込まれたCDが直送されてくる仕組みになっている。

「人間ドックの結果が入った封筒を開けるときよりもドキドキします……。数値ばかり並んでいて、かないません」

ある校長さんのつぶやきだ。

今日のような点数至上主義下での開封は愉快な作業ではない。胃がシクシクと痛む校長さんも少なくないだろう。

「平成の全国学力調査」といわれる現行の調査が始まったのは二〇〇七年。

「昭和の全国学力調査」いわゆる「全国学テ」が実施されたのは一九五〇年代から六〇年代

半ばにかけてである。当時、中学生だった私は、ＰＴＡ役員がピケを張るなかでテストを受けた憶《おぼ》えがある。

点数の首位争いが各地で激化し、差別的な不正行為も相次いだため「全国学テ」は中止となった。それは教職員組合を中心とする反対運動の結果でもある。

だが、それを二一世紀になって完全復活させたのが、当時の中山文科大臣だった。「子どもの頃から競い合い、お互いに切磋琢磨《せっさたくま》するといった意識を涵養《かんよう》する」というねらい。そして「日教組の強いところは学力が低いのではないかと思ったから」という動機によって、今日の全国学力調査が悉皆《しっかい》で実施されることになった。

学力調査が本来の行政調査の域を超えて、公教育に競争原理をいっそう機能させること。そして反知性主義という指摘も免れない動機から提唱され、今日に至っていることは残念ながら事実である。

全国の小学六年生約一〇九万人、中学三年生約一〇六万人が受験する膨大な調査で、予算も莫大《ばくだい》である。採点処理などが煩雑なため「学力調査」と銘打ってはいるものの、教科は国語と算数・数学の二科目に限定（理科は三年に一回）。設問総数は小学校が国・算を合わせて五五問。中学校は国・数を合わせて九二問という限られた数である（二〇一四年度）。

したがって「調査の方法が粗い。毎年同じような結果が出てくるのは当然」という批判は根強い。その筋の識者が指摘するように、国勢調査同様、一〇年に一度の行政調査で十分こと足りるのだ。

ところが、毎年、新聞紙上で都道府県別のリーグ・テーブル（結果の順位表）が示され、各市町村や学校ごとの点数と全国平均点が判明すると、その比較に憑依《ひょうい》されてしまい、胃痛と微笑の分水嶺《ぶんすいれい》が関係者の間に無情にもそそり立つ。

しかし、半歩身を引いて、たとえば二〇一五年度のリーグ・テーブルを見てみると、小学校・国語Aの平均正答率第一位の県と、第四七位の県の差は、わずか九・四ポイント。同様に算数Aの差もわずか八・九ポイント。立派なものである。

たとえば、一つの学級で国・算のテストをしたとする。四〇人の学級で最高得点と最低得点の差が、一〇点も開かない学級は、すばらしい学級である。粒ぞろいの学級といってよい。平均正答率で見るかぎり、四七都道府県がみごとなまでに教育水準を維持している証《あかし》である。労働時間世界最長という過酷な環境のもとで、先生たちが日々血の出るような努力を続けている結果なのだ。

リーグ・テーブル上では、コンマ1という鼻の差で順位が逆転するため、口惜しさ交じりのリベンジ精神がこみ上げてくるのだが、わずかな開きのなかでの雪辱戦は、コップの中の争いともいえるではないか。

それに埋没し、競争原理を自ら下支えしていくようなことだけは避けねばならない。だが、その危険要素は蔓延《まんえん》している。全国学力調査の練習としての都道府県レベルの独自テスト。そのまた練習としての市町村レベルの独自テスト。はたまた全国学力調査の「過去問」を使った練習。さらには全国学力調査にシフトした日々の授業……。

「学力調査用の授業をしようと決めたら、いくらでもそちらへ傾斜することは可能。ほんとに、それでいいの？」

ある現場教員はそう言い切った。

「調査あって学びなし」「数値あって生きた授業なし」へと、とめどなく転落していく教育であるなら、そこで真っ先に粗末にされていく子どもはだれか。

その子どもを大事にしたい。

母親の一言

「あのときの私は死ぬことばかりを考えていました……。母親の一言がなかったら、私はいま、この世にいないと思います」

学生Sさんは、そのように語る。

彼女は中三の二学期から学校に行けなくなった。教室に入ると、女子も男子もだれもが、自分のウワサ話をしているように思えてならなかった。

「そのうち授業が始まると、教室にいることがとてもつらくなって……。鉛筆を持つ手に汗が出てきて、背中からも汗が流れるのがわかりました」

そんな彼女に、保健室登校という道が開けた。

保健室の先生と話したり、いっしょに絵を描いたりしていると、なぜか気持ちが落ち着いたという。

ところが、ひとりになると、彼女は死ぬことばかりを考えていた。

そんなある日の夕食どき、思ってもみなかったことが起きたのだ。

ふだんは帰りが遅い母親と、二人で無言の食事が始まった。

そのとき、突然、母親が彼女をまっすぐ見つめ、静かに口を開いた。

「まわりの人みんながあなたの敵になったとしても、お母さんは絶対にあなたの味方をするからね……」

母親はそれだけを言うと、食卓に泣き伏してしまった。

「私はお箸を持つ手が止まってしまいました。母が泣く姿など、初めてでした。お父さんと離婚する、ということを私たち姉妹に話してくれたときでさえ、お母さんは涙一つ見せませんでした。朗らかな表情で話をしてくれて、私も妹も何の不安も感じませんでした。いつも明るくて、とてもたくましいお母さんです。その母が、いま私のことで泣いてくれている……。

そのとき、私、気がついたんです。私は一人ぼっちじゃなかったんだ、と」

つぎの朝、彼女は目が覚めると、自分でも不思議なくらい身体じゅうに元気がみなぎっていて、学習の準備をさっさと済ませ、学校に向かうことができた。

正門をくぐると、保健室の前を素通り。そして、苦痛で仕方がなかった教室にも何の抵抗もなく入ることができたという。

時を経て、Sさんはいま、子を持つ母親として、また教員として、頼もしく生きている。

母親の一言。それに背中を押され、彼女は大きく前に一歩踏み出すことができたのだ。

同様に、母親の一言で大きな力を得た小学生がいる。

五年生のTさん。彼女のことを知ったのは、ある県の人権教育推進会議の席上だった。Tさんの母親も同会議の委員として列席。そのときいただいた一文を読んで、私は打たれてしまった。

Tさんは学校の宿泊行事で、別の学校の五年生と仲良くなった。行事が終わってから、その一人に手紙を出そうと思い立ち、わくわくしながらペンを握った。

ところが、ある心配がふと頭をよぎったのだ。そこで、母親に相談。

「私の住所書いて、だいじょうぶかな。相手の親が住所を見て『この子とつき合ったらあかん』って言われないかな」

Tさんが不安をいだいたのには、わけがあった。自分の友だちに、そう言われた子がいたからだ。

娘から突然の相談を受けた母親は、即座にどう答えたのだろう。同時に思うことは、そのときの母親の心情である。

生まれてわずか一〇年少しの娘が、どうしてこのような心配をしなければいけないのか。そう思うだけで、つらさ、悲しみ、そして怒りが綯《な》い交《ま》ぜになってこみ上げてきたにちがいない。

このとき母親は、娘のTさんに一言、こう返答したという。

「だいじょうぶ。大きな字で書いときー―」

何と強いことばだろう。

母親はこみ上げてくるものすべてを呑《の》み込んで、このことばを発したのだろう。それを耳にした娘のTさんは、心配など一気に吹き飛んで、目の前が晴れ渡ったにちがいない。

「うん、わかった!」

ペンを握り直し、大きな字で住所を書き上げるTさんの姿が目に浮かぶ。

SさんもTさんも、学校から見えにくいところで計り知れない真正の力を得て生きている。これは絶対的自尊感情のはぐくみそのものといえよう。その姿その事実を学校が覚知せず、貴重な事実に学ばずして、今日注目されている「学び続ける教員像」などあったものではない。

一人の子どもの「奥行き」の深さ、その後ろに存在する保護者の大きさ。それらに深く学び、実践を着実に推進する人権教育こそは教育の光源である。

教室の「空気づくり」

大阪の自宅を出るときは一面晴れ渡った空だった。しかし、サンダーバード9号が北陸トンネルを抜けたあたりから、空は重たい鈍色《にびいろ》に沈んだ。

「よりよい学級をつくろう」

この日、これをテーマとする学級会を参観した。石川県小松《こまつ》市立S中学校でおこなわれた研究発表会である。

二学期も半ばを過ぎた時期に、このテーマで生徒たちが話し合う意味は大きい。体育祭・文化祭などの行事を終えて、ややもすれば学級集団のうねりや勢いが失速しがちな時期だからである。

いまの学級が有する課題にもとづいて、これからどんな学級をつくっていくのか。生徒たちは班ごとに熱心な協議を重ね、全体討議へと移っていった。

ある班から提出された意見のなかに、つぎのような文言があった。

「授業中、ふざけられない空気をつくる」

正直にいって、違和を感じさせる一文だった。ほかの教室ものぞいたが、決して「ふざけた空気」を肌で感じる学校ではない。むしろ逆で、生徒たち全員が誠実に学びに向かっている姿勢が、じかに伝わってくる学校だった。

そのような学校で、生徒自身が「ふざけられない空気をつくる」という意見を提示する。これはどういうことか。

でも、よくよく考えると、だからこそ、この学校は現在のような勤勉でさわやかな空気が保たれているのだ、と納得してしまった。

蛇足になるかもしれないが、ここで生徒発のその一文をあらためて読み解いてみたい。

「授業中、ふざける人」がいたとしよう。その個人を「けしからん人」「困った人間」と、やり玉にあげ、とがめる。あるいは排斥し、場合によっては隔離してしまう。

「まじめに勉強している者が、被害を受けることがあってはならない」

このような流れとは、まったく異質な考え方が「ふざけられない空気をつくる」という一文には貫かれている。

そこには「ふざける人」を、かかわりたくない迷惑な存在と見なし、切り捨ててしまうのではなく、自分たちができること、自己とのかかわりを探りつづけようとする深い思いが込められている。巻き込んで、包み込もうとする流れである。

「仮に、遅刻してくる生徒がいたとしても、教室でほかの生徒たちがピンと張りつめた空気のなかで学んでいると、その生徒もきっと感じるものがあるでしょう。生徒たちはそういった空気をつくろうとしているのです」

学校長は静やかに生徒を称《たた》えた。

授業中、ふざける人。それは、その本人自身の問題と限定してしまうのではなく、自分たち集団の問題でもある。そのようにとらえる生徒たちだ。

「友だちのこと、ほっとかれへん」

これは大阪のとある保育所の玄関先で見かけた壁面構成である。

子どもがつぶやいたことを、保育士が「きらめき発言」としてキャッチしたのだろう。乳幼児の時代から、このようなつぶやきをお宝として育ち合う子どもの姿に感銘を受けた。

この「善玉おせっかい」と通底している生徒たちによる「空気づくり」の思想。これは「自治」という重要な価値にもつながる。

学級会では意見集約の結果、「私語０・忘れ物０・集中１００」というスローガンがみんなの合意のもとに編み出された。しかし、これを下支えするのが、あの「空気づくり」なのだろう。

このスローガンを破った人には「このような罰を」とか「点検表を作る」などといった論議

がいっさいなかったことが、それを雄弁に物語っている。

生徒自身の手による「空気づくり」、すなわち学びの環境づくりがなされる教室・学校。こうなれば、あとはそのフォロー・アップと、ふざけ心など雲散霧消してしまうような高質な授業内容を学校が生徒に提供することによって、好循環が生まれるわけだ。

生徒たちが醸し出す教室の空気。これは学校における「文化資本」の一つといえるだろう。それを互いに吸いながら、生徒は生きている。

このS中学校も、生徒の荒れた時期があったそうだ。が、「教員による管理の強化」ではなく「生徒による自治の創出」に軸足が置かれているかぎり、ふたたび荒れる心配はないと確信できた。

「これからは鈍色の空がつづきます」

S中の先生はそう語ったが、空とは対照的な生徒が育つ学校だった。

人間関係づくりと「集団づくり」

毎日小学生新聞（毎日新聞社）に長年コラムを連載している関係で、全国の小中学生から手紙やメールが届く。

子どもの思いや教育現場の現在が書かれてくるため、貴重な「ホットライン」として感謝している。もちろん、ていねいに返事を書いて、それをコラムとして読者に紹介もする。

たとえば、先日はこんなメールが東京の中学生から送られてきた。

〈こんにちは。初投稿のH・Sです。

私はいま中一ですが、小六の時のクラスがいいクラスだったなあ、とふり返ってみて思います。それは、間違えてもだれも笑わないし、どうして間違えたのかをいっしょに考えてくれるからです。

また、自分と違う意見の人がいても、それを否定せずに受け入れてくれます。さらに、ただ他の意見を受け入れるのではなく、やっぱり自分が正しいと思ったら、しっかりと主張するので、授業がとっても盛り上がります。

こんなふうに、クラスのみんながのびのびと授業を受けることができた小六の時のクラスは、とってもすてきな学級だったと思います。だから、今年のクラスもいいクラスにできるようにがんばっています。〉

彼女が六年生のときのクラスは、ほんとうに「いいクラス」だといえる。だれかが間違えると嘲笑が生じたり、心ないことばが飛び出したりするクラスも残念ながら存在する。そうではなく「間違えの根拠」を共に探るという、貴重な学びの姿勢が子どもたちに定着しているクラスなのだ。

また、異なる意見を尊重したうえで、自分の考えを主張できるというのだから、毎時の授業はとてもエキサイティングだったにちがいない。

人の意見は聞きっぱなし状態、自分の意見も言いっぱなし状態。それに終始する授業。これでは互いの内面に何の「化学変化」も起きないため、授業とはいいがたい。相手の意見を聞いて、自分の考えが揺れる。あるいは、自分の意見がより固まる。それが「化学変化」であり、そのさまを自由に率直に表現し合う。それこそが授業における学び合いの値打ちなのだ。

彼女のクラスでは「のびのび」と授業ができたという。すばらしいことだ。

では、このような「いいクラス」をつくるにはどうすればよいのだろう。

一つは、クラスの人間関係づくりに子どもと教師が力を注ぐということになるだろう。子ども同士がつながる学級づくりという営みである。

子どもがつながるためには「つなぎ（ボンド）」が必要だが、それには班学習・班遊び・班ノートなどの班活動が方法として常用される。班レベルを超えて、クラス規模では参加型ゲームなどを多用することによって関係づくりがおこなわれたりもする。

しかし、人間関係づくりとはシンプルにとらえるなら、個と個が線で多様に結ばれていく絵柄である。

ところが、彼女の六年生時のクラスは、互いの人間関係の良好さだけでは説明できない「いいクラス」なのだ。

そこには人間関係だけでなく、関係性の総和がさらに「化学反応」を起こすことによって醸し出す集団の「空気」と「土」。つまり「風土」というものが着実につくり上げられている。

したがって、彼女のクラスは、子ども同士のつながりをめざす人間関係づくりという域にとどまらず、より豊穣《ほうじょう》な「風土づくり」というものが実を結んだクラスということができるだろう。

では、このような「のびのび」と学び合える「いいクラス風土」は、どのようにすればつくり上げることができるのだろうか。

それは決してむずかしいことではない。たとえば、教室でだれかの間違えに対して嘲笑が生じたとき。それを「風土づくり」のビッグチャンスにすることだ。「間違えの根拠」を探る。それが貴重な学びであることを、子どもたちに気づかせる好機ととらえたい。

異なる意見を尊重し、なおかつ自分の考えを主張できる「風土づくり」も同様だ。その手本となる格好の事例が授業中には必ず生起するものだ。そのとき、その事実をキャッチし、価値づけて、全員に向かってそのすばらしさを吹聴《ふいちょう》すること。それに限る。

学級の「風土づくり」の芽は子どものなか、授業のなかにいくつもある。その小さな芽を活《い》かすか否かなのだ。

「風土づくり」という漠たる表現。それは、じつはこれまで「集団づくり」と呼んで実践してきた内実とほとんど同一である。いま、この「集団づくり」という営みの復権が強く求められる。

学級の「光と影」

K先生へ
研究発表会が終了し、生徒ともども一息ついておられることと思います。

あの日は全体会のあと、十分に話をすることもせず、そそくさと白子《しろこ》駅から近鉄特急で帰阪してしまい、とても申し訳なく思っています。

拝見した授業のなかで、どうしてもお伝えしたいことがあり、謝意と期待の念を込めてここに記します。

授業は「主体的に学級づくりについて考える」というねらいでした。

「笑いの絶えない学級」「私を必要としてくれる人がいる学級」「意見を言い合える学級」「思いやりがあって、すごく楽しい学級」「先生とも楽しくしゃべっている絆《きずな》の深い学級」……。

これらのフレーズを初めて読む人は「生徒たちが望む学級像」を並べたものだろう、と思うにちがいありません。

ところが、それはまぎれもなく鈴鹿《すずか》市立T中学校一年六組の生徒が、自分たちの学級の「よいところ」について書き上げたものでした。さらに、このようにとらえている生徒もいましたね。

「六組は私にとって本当に大切な存在」「みんな仲良く、担任とも打ち解けている学級」「土日とかいらないくらい、みんなといたいと思う学級」「自分の学級だけではなく、他の学級とも仲良くしゃべれている」「差別がなく、毎日笑顔であふれている学級」……。

当初は「自分の思いを全体の場に出すことが苦手」「周囲に気を使うところがある」という生徒が多く、「おとなしい学級」だったようです。

しかし、昨年一二月に初めて授業を観せてもらったときは、そのような空気はまったく感じませんでした。むしろ担任と息がぴったり合っていて、活気のある学級という印象を受けました。

それは生徒たちが、快活で熱いK先生のことが大好きで、しだいに教室の空気も進化していったのだと思います。

公開授業の本番では、生徒の多くが「観客」を意識しすぎてか、一二月の活気は全体としてやや後退傾向に。でも、教室右前方のベストポジションから授業を拝見していましたが、生徒の表情は一人残らず輝いていました。

「『冷やかし』ということばが目立つ。この学級に満足している人と、満足していない人がいるということだと思う」

授業の冒頭、自分たちが書いた「学級の現在の姿」を読み解いて、ある生徒はそのように指摘しました。

この意見を受けて「いじる人がいると書いている人と、いじめはないと思っている人がいて、意見が両方に分かれている」と、二極化する学級の現状を率直に発言する生徒もいました。

「笑いの絶えない学級」「思いやりがあって、すごく楽しい学級」などなど、十分満足している生徒が数多くいるなかで、学級の影の部分を指摘する二人の発言はきわめて貴重でした。おそらく、この二人は「冷やかし」や「いじり」を受けている生徒の声を代弁したものと思われます。

このあと、授業は指導案に沿って「ありのままの自分を出せる学級について話し合おう」という流れに移りました。が、その前にK先生からつぎの「一言」があれば、あの授業はどのように展開しただろう、と夢想します。

「この影の部分について、じっくり意見を出し合おう。学級に一人でもつらい思いをしている人がいるなら『差別がなく、毎日笑顔であふれている学級』とはいえないのでは……」

意見が出にくいようであれば、まずグループ内で話し合うこともよし。きっとリアルな事実とともに、影の部分について悲喜こもごもの省察が可能となったのではないでしょうか。

「冷やかし」や「いじり」が、学級でなぜ起こるのか。その背景の探求と、それを克服するために自分自身と学級全体は今後何が必要なのか。決して建前ではない、切実な話し合いが、あの場で、あの生徒たちだからこそ展開されたのではないかと惜しまれます。

「ありのままの自分を出せる学級について話し合おう」

これは重要な提案です。しかし、それは担任が内に持っておくべき悲願のねらいであり、これを生徒自ら成就できる場と機会をどうつくるか。そこがポイントであり、先に例示した「一言」を、悲願達成の突破口として授業が構想されていれば……と思うのです。

個々の生徒、集団の情況もまったく把握できていないのに、期待値だけで物を申してごめんなさい。

K先生は教職五年目ということですが、今後も「学級形成」という一大事業に、一層の熱とこだわりを持って邁進《まいしん》されるよう切に期待しています。

教室はドラマが生まれる舞台

晴れやかなはずの新学期。その日が近づくにつれて、胸を痛める子どもがいた。

担任がそれを知ったのは、三月の末。もうすぐ修了式というときだった。

給食時間、いつものように子どもたちが提出した日記を読み、赤ペンを走らせていた。が、正明の日記を読んで、ペンを持つ手が止まってしまった。

「先生へのおねがい。まださきの話だけどいつも新しい学年になったら、ほんとうはぼくのなまえは馬場《ばば》だけど、ばんばにしました。ぼくが五年になってばんばとよぶように次の先生にゆってほしいです。

先生にもはじめてのときは『ばば』とよばれました。そして、毎年みんなにわらわれました。」

バンさん、バンさんと、女子からも男子からも慕われていた正明だ。存在感のある子どもだった。そのバンさんが幻のように姿を消し、突如、別人が日記帳のなかからぬーっと立ち現れたような妙な気持ちにおそわれた。

すぐには返事が書けなかった。しかし、気持ちが落ち着いてくると、このように思えてきた。バンさんはずっと内に秘めていたことを、いま初めて語ってくれたのだ。それなら、自分のほんとうの名前をみんなの前で胸をはって名乗って、五年生に進級してもらおう……。

そのことを返事に書き、バンさんと対話を始めた。日記帳のなかだけでなく、放課後の教室や中庭で腰を下ろして。だが「ぜったいにイヤ!」ということばしか返ってこなかった。

「ばば」はいまでこそ死語となりつつあるが、とくに関西地方では大便のことを吐き捨てるように表現することばである。

「しかし、やはりほんとうのことを言うべきではないか。いまのクラスのみんななら、きっとバンさんが本名を語れば、だれ一人として笑ったりする人はいないと思う」

だが、首を縦に振ることはなかった。バンさんの心のキズは幼稚園の入園式に始まり、小学校の入学式、そして組替えのたんびに深くなっていったのだ。

「みんなの前で本名を語らないというのなら、それは、みんなを信じていないということではないか。みんなを信頼していないバンさんは、仲間を裏切っているのと同じではないか」

きびしく迫ったが、身も心も貝のように閉ざすばかりだった。

考えあぐねた末、四年生の修了式前日に、この学級を締めくくる「最後の学級会」を開くことにした。直球勝負からの方針転換だ。

「いまだから、みんなに伝えておきたいこと」「五年生になる決意」、この二つをテーマとすることについて、前日、子どもたちと話し合った。しかし、どのような展開になるのか予測はできなかった。

当日、まず一人の男子が発言。

「あのな、家庭学習のことやけど、先生が『順調か』て聞いたとき、いつも手あげてたけど、ぼく、ほんとうはまじめにやってない日が多かったんや。みんな、ウソついてごめんな」

吐き出すように話すと、泣いてしまった。ふだんは気丈で明るい野球少年なのに。

つぎに、女子が立った。

「一月ごろ、高山さんのたて笛がなくなって、みんなでさがしたことがあったでしょ。あれ、ほんとうは私がかくしたの。高山さん、ごめん……」

涙を流し、最後のことばは聞き取れなかった。さらに、数名から思いがけない発言がつづいた。その後、いったん話が途切れるときがあった。そのときだ。顔を真っ赤にして、ずっと一点を見つめていたバンさんがぬっと立ち上がった。

「ぼくなッ、ほんとうの名前……、ババやけど、みんなに笑われるのがいやで……、これまでバンバと言うてた」

声を震わせ、そして泣き伏した。驚きのあまり、教室はしばらく重たい沈黙に包まれた。

「みんなに笑われることを頭に浮かべながら、春休みを迎えるバンさんの気持ち。どう考えたらいいのやろ……」

すると、沈黙のなかから、ある男子が切り出してくれた。

「五年生になって、バンさんの名前を笑う人がいたら、バンさんがしゃべって、そのあと、このクラスからも四、五人は同じクラスになるはずやから、その人がバンさんのあとにつづいて、きょうのこと話そッ」

光の見える提案に、だれもがうなずいた。すると、バンさんは手で涙をぬぐいながら、ゆっくり立ち上がり、声をしぼり出した。

「あと二日しかないけど……、みんな、ぼくのこと、ババって呼んでな」

みんなはオーッと、声にならない声をあげた。

この日からバンさんは馬場《ばば》正明になった。

教室はドラマが生まれる舞台だ。筋書きにないドラマを吸って子どもたちは育つ。学校を一元的な「価値」が支配する痩せた空間にしてはいけない。

Y先生の笑顔が消えた

「早く問題が解けた人は、困っている人の相談にのってあげましょうね」

Y先生が声をかけると、子ども同士で教え合いが始まった。ゲストである私にも「ここ、どうするの？　教えてください」と、女子が気さくに相談にやってきた。頼られるとうれしいもので、文章問題をゆっくり読み上げた。すると「あっ、わかった！」と、その子は笑顔で席にもどっていった。

U市の五年生の教室を訪問。三〇年来の友人が担任をしている。

ふだんどおりの授業を観たい、と電話で依頼すると、「その日の五時間目は『過去問』を学年一斉にする予定だけど、それでもよかったら」という返事だった。四月下旬実施の「全国学力・学習状況調査」に向けて、現五年生は「過去問」の反復練習に取り組んでいる最中だという。二週間後には県の学力テストも控えているそうだ。

教室に入ると、予告どおり、子どもたちは「過去問」と向き合っていた。教室の正面には「学級目標」が掲げられている。

「みんなで学び合い助け合いができるクラス」

「いじめがなく　みんな笑顔あふれる　楽しいクラス」

教室風景をカメラに収めているうちに、あることに気がついた。担任のY先生に、笑顔がまったく見られないのだ。眉間に縦ジワが入り、険しい顔つきをしている。

これまでの彼はそうではなかった。地域性を象徴するかのように大らかな性格で、豊かな笑顔の持ち主だった。穏やかな口調で朗らかに語る。都会暮らしの自分は彼の顔を見、声を聴くだけで癒やされた。

その夜、旧知の三人も加わって会食をした。そこで、彼から笑顔が消えたわけが少しずつわかってきた。

かつては学校で古いほうきの柄を再利用して、図工の時間に横笛作り。子どもたちのみごとな合奏テープを送ってくれた。ヤギを飼育したり、読書活動に励んだり、版画制作に打ち込む子どもの姿を喜々として語ってくれたものだ。

「学級に生産的で創造的な文化が生まれ、子どもに仲間意識と自治力が育まれると、学習意欲は自ずと高くなる」

彼はそう語り、私もそれは経験済みのため、うなずくばかりだった。

しかし、いまや学校は文化を創造する場ではなくなり、「黙働」がトップ・スタンダードとなり、掃除時間に限らず、与えられた課題に向かって黙々と作業する勤勉性ばかりがよしとされる傾向にある、と嘆いた。

「一方では、自分で課題を見つけ、自ら学び、自ら考え、主体的に判断し、行動し、問題を解決する子どもを育てようといいながら、子どもを毎日のように『過去問』などでテスト漬けにしているのが現実さ」

学校がおもしろくなくなった、という。「何よりも子どもがそれを敏感に感じている」と、彼はしきりに訴えた。このままでは近い将来、子どもの「反乱」が起きるにちがいないと予見もした。

これはU市限定の話ではないはずだ。

学校は修行僧のための道場ではない。むろん遊園地でもない。学校は学校なのだ。

教室に畳とホームごたつを持ち込んで納豆作りに励んだ学級。ほうれん草とダイコンを掛け合わせたハイブリッド野菜「ほうコン」作りに本気で挑戦し、失敗した学級。空き地を借りてヒマワリ三〇〇本を咲かせた学級。サンショウの実とタケノコを生協に出荷して、一輪車七台を手に入れた児童会。学習資料やテスト問題を子どもが手作りし、全員の「実力アップ」に貢献した学級。読書一人二万ページを目標に読書運動を展開した学級。「なるべく日刊ニュース」という名の子ども新聞を一年間発行しつづけた学級。それに刺激されて母親新聞「サンフラワー」を八〇号発行した学級ＰＴＡ。教室を画廊のような雰囲気が漂うサロンにしてしまった学級。ヒナから育て上げたニワトリ五羽を食べて卒業していった子どもたち。傷ついたカラスを教室で飼って「こわい・きたない・きもちわるい」という偏見の３Ｋをすっかり払拭した二年生。全国の漁業協同組合に質問状を出したら、思わぬプレゼントが送られてきて全員興奮状態に陥った学級。………

生活者である子どもが、多様で深い学びをアクティブに、かつダイナミックに築き上げる場。それが学校だった。

少し酔いの回ったＹ先生が、語気を強めて述べた一言。それが耳から離れない。

「自分の子どもが教師になると言ったら、絶対に反対するよ。いまのような学校なら……」

教師の創造性豊かな実践意欲、さらには自尊感情までも削《そ》ぎ落としてしまうような「普通教育」の潮流。これは果たしてノーマルな状態といえるのだろうか。

一五箱の段ボール

段ボール箱の上に腰を下ろし、黄ばんだ紙の束に目を落とす。

「五年の担任、だれかなあとドキドキしながら音楽室に行く。いよいよ担任発表。『五年、園田先生！』ゲー、やっぱり。一しゅん、音楽室がシーンとなった。こわい、こわいと思っていた。けど、教室でいろんな話をしてくれて、なんや、全然こわくないやんと思った。けど、勉強が始まると、なんかドキドキするときがあった。休み時間になるとやさしい先生、楽しい先生になる。なんか、二重人格みたいや。」

二一年前に担任した子どもの作文だ。山あいの全校生六〇人ほどの学校なので、始業式は音楽室でおこなわれた。

純朴な子どもたちから、こんなにも恐れられていたのだ……。苦笑しながら、本棚に手を伸ばし、玉田《たまだ》勝郎《かつろう》著『子どもとかかわる思想』（明治図書出版、一九八七年）の小西健二郎《こにしけんじろう》について書かれた章をひもとく。

「担任の発表があり、廊下にならんで（講堂というものはなかった）『小西先生』と告げられたとき、だれかれともなく『ヒエーッ』という声を一斉にあげたのだった。あの先生は特別こわい、という先入観が当時の私（たち）をとらえていた。」

玉田さん自身による回想シーンを合わせ読みながら、にんまり。

やはり捨てがたくなり、この黄ばんだ作文の束も残すことに。

数日前から、一大決心をして、押し入れの大掃除を始めたのだ。しかし、こんなテンポだから、なかなか埒《らち》が明かない。押し入れを埋め尽くす段ボールの数は一五個。本や資料を詰め込んだまま、何十年ものあいだ放置してきた。それらに断捨離《だんしゃり》精神で向かおうとするが、いかんせん情が邪魔をしてくる。

つぎに開いた段ボール箱からは、一九七八年当時の子どもや自身が発行した学級新聞のファイルが出てきた。教師生活七年目。B４サイズのわら半紙は茶褐色に変化している。

「お前たちはそれでよいのか。先生に言いたい放題言われてだまっているのか」「きみたちは先生が反対のことを言っても、ほんとうに先生の言うことをココロにしみこませている」

子どもたちを挑発しつづける三年三組の学級新聞『ゴリゴリ新聞』。書き手は、担任ではなく「ミスター・ドラゴン（通称ミスドラ）」というナゾの記者。

ところがこの新聞、ときには子どもたちを大絶賛。男子Sが両親の離婚により、隣の校区にあるY学園で兄と暮らすことになった。ある日、子ども新聞『ドシドシ新聞』の記者たちはY

学園を単独訪問。「Sは元気にしていたよ！」という大見出しで詳細記事を書いた。これには「アッパレ！二号」という見出しで『ゴリゴリ新聞』は子どもたちの行動を大きく称《たた》えている。

この新聞ファイルの間から一通の封書が出てきた。消印は一九九四年八月一五日。『ドシドシ新聞』の「主筆」タッちゃんからのものだ。いまは研修医の身だが、秋に結婚するので岡山まで出かけてほしいという内容だ。

「まず、何といっても班活動。クラス全員が動物班、植物班、大工班、インテリア班、新聞班、銀行班のいずれかに所属して、一つの社会を形成し、生活していく。また、その名前がユニークで……」

「『大口《おおぐち》スッキリ記念日』この言葉も、忘れようとて忘れられない。まさに、この三、四年生時代をひと言で表現した言葉だと思います。起源はおそらく裏庭のニワトリ小屋が野犬に襲われて、市の保健所に野犬狩りの要請の手紙を出したことだと思います。それも、先生の言葉を借りずに、皆で話し合って、皆で書いて、皆で手直しして、そして野犬狩りをしてくれたことを記念して、このように名づけたんだと思います。その後も、先生は『皆で大口になろう』といって、われわれを勇気づけてくれたことを憶えています……。」

タッちゃんからの手紙は便箋一六枚に及んだ。これも断捨離の対象外に。

おそらく、これらの「資料」はいずれ本にしたいという一念で、きょうまでお蔵入りになっていたのだ。

段ボール一〇箱目の底からは、アルバムが見つかった。これには感動で身体が震えた。転勤時、処分する雑品に紛れて、焼失したものと悔やみつづけた一冊なのだ。ページの冒頭は自身の生後一〇〇日目の写真。高校時代までの自分史を刻んだ大切なアルバムである。

これを失ってからというもの、じつは誕生から青年前期までの自己が消滅したような、鈍い喪失感をいだきつづけてきたのだ。それが突如、再生したのだから、この上なくうれしかった。

モノの整理とは重たい作業である。

教室で爪を切る教師

阪急電車で通勤。車中の二〇分間をぼんやり過ごす日もある。本を読みはじめると、あっという間の二〇分だ。文庫本や新聞を開いている乗客は数少ない。ほとんどの人が無言でスマートフォンに向かっている。独り、ニヤつきながら、画面と一体化している人も。

最近は、やはり車中は読書に限ると決め込んで、平易に書かれた軽量の本を読むことにしている。

昨日は、豊田ひさき先生から送られてきた新著『はらっぱ教室―峰地《みねじ》光重《みつしげ》の生活綴方《つづりかた》』（風媒社、二〇一四年）のとあるページを読みながら、不覚にも自分がニヤつき顔になってしまった。

「せんせいに、つめをきってもらったとき、ものさしで、中ゆびのつめのながさを、はかってもらったら、ちょっきり一センチありました。……」

一年生の子どもの綴方の紹介。つづいて担任峰地の文章が引用されている。

「わたしが、ここ つづはらの先生になったのは、子どもたちの爪切りから、はじまったようなものでした。

『ゆかりさんの、お家はどっち?』

『お兄さんは、ある?』

『あの山の名はなんというの?』

爪を切りながらわたしははじめての土地のいろいろなことを、子どもたちに教えてもらい、子どもの仲間に入れてもらえたのでした。」

教室で、教師が子どもの爪を切る。今日ではすっかり消滅した光景である。

一九五二年、峰地は岐阜県多治見《たじみ》市立池田小学校甘原《つづはら》分校に着任。六一歳。子どもの爪を切りながら、一人ひとりの子どもとやわらかな対話を始める。子どもは最初こそ緊張したものの、この先生は安心できる先生だ、と徐々に「品定め」していったことだろう。

「この時、ふと爪の長さをはかってみる気になって、ものさしではかってみると、ちょうど一センチでした。」

たかが小さな爪。だが、その長さを測ってみる気になるあたりが、いかにも峰地らしい。「教科書が子どもに君臨する教育は人間完成の教育ではない」という強い信念のもと、つねに生活と学びを直結させることに努めた峰地実践。それを象徴するような一場面である。当の子どもは一センチという長さを、身体にしっかり刻み込んで理解していったにちがいない。

はてさて、電車の中で思わずニヤつき顔になってしまったのはほかでもない。峰地と同時代に、教室で子どもの爪を切るもう一人の教師がいたからだ。

兵庫が生んだ小西健二郎である。当時、ベストセラーとなった『学級革命―子どもに学ぶ教師の記録』（牧書店、一九五五年）に、つぎのようなくだりがある。

「ひとりひとりの子どもの爪を切りながら、わたくしは子どもたちの手が実にさまざまであることにおどろきました。それは当然のことなのですが、わたくしは土でがさがさに荒れた小さい子どもの手を見つめながら、学校で教室での子どもばかり見ていると、このひとりひとりの子どもたちを、一年生というワクに入れ、同じような子どもであるような錯覚にとらわれていないか。この手がこんなにちがうように、ひとりひとりの子どもの知能も能力もそして家庭も、すべて違っているのだ。このひとりひとりちがった子どもたちの生活や、本当の姿をしっかり握っていないで、どうしてひとりひとりを十分伸ばしてやることができるだろうか――などと、しみじみ考えました。」

子どもの手。その先端に生える小さな爪を切りながら、このように子どもの多様性や生活情況にまで想いをはせる小西の感性、教師性。それにはただただ感服。

教育は時代とともに進化・変貌をとげるものだ。その一方で、明らかに退化・後退していくものもある。だが、決して退化・後退させてはならないことがある。それは生身の子どもをよく見つめ、よりよく知るという一点である、過度のデータ依存症に陥ることなく。

いまさら、子どもの爪を切る実践を、とはいわない。しかし、子どもとじかに向き合い、子どもの事実からこちらが幾多のことを学びとるには、独自の「手立て」が必要だ。それに加えて豊かな「情動」。これらを持ち合わせているか否かは、実践上の重要な分岐点となる。

「『モノツミ』の季節に、『爪をきれ！　爪をきったか？』と、いかにも衛生家らしく、衛生教育熱心家らしく、りちぎくさく、（略）やかましくいうところの学校の先生は、こどもたちから、ひそかにきらわれていた。」

国分一太郎《こくぶんいちたろう》は『しなやかさというたからもの』（晶文社、一九七三年）のなかで、そのように警鐘を乱打している。

「手立て」あって「情動」なしの教育活動は、子どもが逃げていくばかりである。

「いじめ問題」と教師の感性

「先生、ぼくはがんばってこの日記を書いたのです。みんなの前で読ませてください。かなんけれど、力をふりしぼってよみます。」（小西健二郎『学級革命―子どもに学ぶ教師の記録』）

五年生の勝郎は、その日、日記の最後にこのような強い決意のほどを記した。

この日記には、自分が四年生のころからたいへんつらい目にあってきたことが、克明に綴《つづ》られている。四〇〇字の原稿用紙にして四枚をはるかに超える長い文章だ。その一部を抜粋する。

「あれから、なにかいうとぼくをいじめたり悪口をいうようになったのだ。」

「ぼくは友だちの悪口なんか先生にいいたくないが、腹が立ってしょうがないので書く。」

「きょうの帰り道、雪をなげつけたりぼくをけったりした。ぼくは泣かなかったがいたかった。かかっていこうと思ったが、みんなが清一君の味方になって組を組んでかかってくるのでやめた。」

「そのほかの者だっていじめられたり、物を持って来させられたりしているが、いうといじめられたり、のけ者にして遊んでくれないので先生にはいわない。」

「明日かえりに、ぼくはまた泣かされるかもしれない。」

一月二三日。子どもたちが帰った教室で、勝郎の日記を読んだ担任の小西健二郎は打ちひしがれる。

「わたくしは勝郎のこの日記を読んでガン！と一撃くらったような思いだった。五年生になったこの子らを受持ってからもうすぐ一年になる。子どもと裸と裸で体当りして、子どもたちのありのままの姿をつかんでやって来たつもりだったのに、これはなんということだ。（略）もうとっくにストーブの火は消え、冷え切ってしまったうすぐらい教室にすわって、両手で頭をかかえこんでしまった。」

手塩にかけた一年間が、もうすぐ終わろうとしている。そのような時期だけに小西は愕然《がくぜん》とした。悲嘆にくれる姿がありありと浮かび上がる。

しかし、時期が問題ではない。勝郎は自分がいじめられていることを担任に初めて告白、告発。学級にいじめがあることを知りえたその日。小西はこの日を起点に、これまでの取り組みを猛省し、熱を入れて新たな歩みを開始する。

「わたくしは勝郎の文を何度も読みかえした。

――先生、ぼくはがんばってこの文を書いたのです。みんなの前で読ませてください。かなんけれど、力をふりしぼって読みます。――

この最後の行を読むと胸がじーんとした。毎日毎日、子どもを見ながら指導ができなかったじぶんの無力が情なく、子どもたちにたいしてはまったく申訳ない気持でいっぱいだった。」日記上でのやり取りだけで済まさず、翌日、小西は勝郎と直接向き合う。

「よく思い切って書いてくれた。えらい。ところでお前きょうこれを読んでくれるか。」するど、黙ってうつむいてしまう勝郎。その姿を見て、小西は判断する。勝郎を励ましたあと、「とにかく今しばらくようすを見ることにするから」と伝え、本人を教室へ。だが、決して問題を先送りしたわけではない。

「学級に、こんな（清一の）ボス的行動を許すようなフンイキを無くさなければならない。これこそわたくしがどうしてもやらなければならないことであり、ここまでわかっておきながら、このボス退治ができないようでは教育もなにもあったものではないと考えた。」

それからというもの、毎日のように勝郎から目を離さず対話をつづける。同時に、小西は今回の問題性をつぎのようにとらえ直すのだった。

「これは清一個人の問題のようであって、清一個人の問題でもなく、勝郎個人の問題でもない。学級全体の問題でありわたくしの営みの根本であると思った。」

そのような想いに至る小西は、自分のこれまでの教育活動そのものに深くメスを入れる。

「これ（学習）を子どもの現実の生活にしっかり結びつけ、その生活を変えていく力とすることができなかった。（略）もっともっと真剣に、学級・学校における子どもたちの生活に目を向けさせる必要があると思った。」

子どもに寄り添い、子どもに学ぶということ。その実相、ここにありだ。

六〇年も前の小西実践だが、学級づくり・授業改革の実践とその視座は少しも色褪《いろあ》せてはいない。とくにいじめ問題に対する小西の感性と省察力、そして処方について学ぶべき点はあまりにも多い。

印象深い「あの先生」のこと

冬場に向かうこの時期に「水泳大会の話」というのもどうかと思ったが、あえて取り上げてみたい。「さむーっ」と引かないで、読んでいただきたい。

学生たちに「印象深い『あの先生』のこと」というテーマで、自己体験を振り返ってもらった。そこで語られ、広い教室が揺れたのは、ある女子学生の高校時代のエピソードだった。

六月の水泳の時間。気温が低く、生徒たちはプールに入ることを拒み、身体をガタガタ震わせていた。若い体育の教師は生徒の姿を見て、困惑状態。そこへ年配のY先生が手にバケツを持って、自分たちのほうに向かってきた。

ヤバイッ、頭から水をかけられる。

だれもがそう思ったとき、Y先生は言った。

「バケツの中を見ろ！」

見ると、一〇〇円硬貨がどっさり。キラキラと輝いて見えた。と、先生はプールに向かって、バケツの中身を勢いよくぶちまけた。

それと同時に、みんなは一斉にプールの中へ。寒さなどすっかり忘れ、歓声を上げて、夢中になって素潜り。

身体中が熱くなる水泳の授業だったという。

「まるで、ドラマじゃん！」

このつぶやきがぴったりのエピソードだった。

学生たちは、こちらが想定しえないさまざまな教育体験・生活体験を身体のなかに宿している。それらを「生きた教材」として、どう「教材化」していくかが重要なところなのだろう。

彼女の話を聴いていて、別のエピソードが頭のなかに急浮上した。同じ「プール」つながりで、意を決して学生たちに紹介することにした。

それは高校の水泳大会での出来事だった。競泳種目の一つに「クラス対抗リレー」があり、各クラスから四名の代表選手を送り出すこととなった。ところが、あるクラスでは最後の一人が決まらない。そのとき、ボス格の生徒が「〇〇にしよう！」と、一言。明らかに差別的な意図からの指名だった。

だが、反対意見は出ないまま、すんなり決まってしまった。指名された〇〇さんは、脳性まひ後遺症のある女子生徒なのだ。

いよいよ水泳大会は本番を迎えた。

当日、〇〇さんは欠場することなく、必死になって泳いだ。しかし、障がいのある彼女は、他の生徒のようには泳げない。全身を使い、自己のペースで前進。その姿を見て、そこかしこで失笑が起きた。

そのとき、プールに背広姿のまま飛び込んだ人がいた。その人は〇〇さんのそばに寄り添いながら「がんばれ、がんばれ！」と、精いっぱい声をふりしぼった。

それは、この高校の校長先生だった。

しだいに、まわりの失笑はやみ、やがて声援に。

「がんばれ、がんばれ！」

〇〇さんが、やっとの思いでゴールしたとき、生徒も教師も、涙なみだで彼女を称《たた》えた。

その日以来、その高校でいじめはなくなったという。

これは東井義雄《とういよしお》著『喜びの種をまこう―誰でもできる無財の七施』（柏樹社、一九九〇年）に紹介されてから、かなり「拡散」されて、教育界では比較的知られたエピソードとなっている。

学生の反応をいくつか拾ってみよう。

「選手を選ぶとき、勇気を出して反対することはできなかったのか。あるいは担任の先生も止めることのできないクラスだったのか。校長先生の行動には感動したが、実際私が当事者であれば〇〇さんの選出に反対できなかったかも知れません」

「聴いている途中から鳥肌が立ちました。ボスに背くことがどれだけ怖いことか、私にはわかります。でも、それを変えた校長先生はすごいと思う」

「すばらしい校長先生だと思う。私は思うことがあっても、行動に移すのに迷ってしまうところがある。だから、とっさに行動できる人を尊敬する。ボス格の生徒も最低だが、それを認めた担任も最低だと思う。腹が立ちます。こんな人にはなりたくないです」

「○○さんはすごい。彼女のがんばりと、校長先生の動きによって、いじめがなくなったのではないかと思う」

ひと昔前のエピソードだが、学生たちは単なる美談としてではなく、わが身に引き寄せて考えてくれたようだ。

ことばの力と想像力はいじめ抑止に必要である。それにもまして貴重なことは、身を投げ出して事に当たる姿勢そのもの。だが、その姿をそばで視《み》て、人はやっと気づいて変わることのできる「やっかいな生きもの」なのか。それでは遅いのだ。

「自尊感情のない私」

このところ保護者や市民向けの講演がつづいた。

依頼されるテーマが「子どもの自尊感情を育てる」ということなので、日程が合うかぎり引き受けてきた。

自尊感情は学校や園・所でいくら意識的に育てようと励んでも、それだけで自己完結はしない。学校など教育・保育機関が発信元となり、家庭・地域あげて暮らしのなかで自尊感情をいかにはぐくむかが重要なこと。まかり間違っても、自尊感情を壊したり、根こそぎ奪ってしまうような言動はいっさい避けるべきだ。

そうでなければ、子どもに安定した自尊感情の形成は望めない。

これは一見、わかりきった話である。

ところが、わかっているはずのことと現実には、意外に大きな開きがある。

講演を終えて、会場を離れようとしたとき、自転車置き場からこちらに向かってきた若い母親が言った。

「私はこれまで子どものしつけや教育というものは、叱ることだとばかり思っていました。きょうから考えを改めます」

講演では「叱ることはダメ」「子どもをほめて育てましょう」とは、言わないように心がけている。だが、デニス・ウェイトリーの詩の、つぎの一節はできるだけ紹介することにしている。

《子どもの悪い点ばかりをあげつらっていると　そうなってほしくないような人間になってしまう》

このくだりは自分自身の子ども時代を顧みても、思い当たることが多く、納得してしまう。しかし、だからといって、一足飛びに「子どもをほめて育てましょう」という路線に急転換するのは、かなり無理な話だ。

そこで、無理なくできることはと考えると、子どもの言動に「思わず共感してしまう」という姿が浮かび上がる。「ほめるべき」「ほめなければ」というスタンスより、こちらのほうが、うんと自然体でいられる。ただし、「共感のアンテナ」が立っていなければ、子どもが発信しているきらめきをキャッチすることは不可能だ。

したがって、アンテナだけは錆《さ》びつかせないようにしたいものである。

身近な人から共感の声や表情が寄せられると、子どもは素直にうれしいものだ。その気持ちをことばにすると「ほめられた」「認められた」ということになるだろう。だから、はじめに「ほめる」ありきではなく、結果的に子どもは「ほめられた」という気持ちになってしまうということなのだ。

ところが、「共感なんて、それをわざわざことばにしなくても、身内ではわかるはず。しかも、親子間では照れ臭さもある」という声をよく耳にする。

その心情はよく理解できる。だが、子どもは共感を求めて生きている。子どもに限ったことではないが、共感のない世界は孤独な世界ととらえてもよいのが現代社会ではないか。いまやコミュニケーションは重要な「資本」でさえある。

夜の講演のあと、控え室で若い教師と談笑していると、彼は自分の子ども時代を話し出した。「うちの母親は、とにかく私に向かって『大好き』ということばをよく言ってくれました。中学生になっても言ってましたから、私はついつい『わかった。わかった』『もういい。もういいから』と、返していましたね」

親子間でも、照れ臭さを超えて、このような微笑《ほほえ》ましいコミュニケーションが図られているケースもあるのだ。

さわやかさに満ちた、この青年教師のバックヤードを垣間《かいま》見る思いがした。

講演の感想が郵送されてくることも多い。緊張しながら開封——。

「私は本当に愛され、認められて育ち、自尊感情が本当に高いと自分でも思っています。私にできることは、家族に、わが子に、職場に、地域に返していきたいと思います」

「自分も含め、自尊感情の低い人があまりにもたくさんいる気がします。自尊感情は人から認められて生まれてくるものなので、お互いに認め合える社会になっていくよう、自分にできることを考えたいと思います」

うなずきながら読んでいて、突如、丸太で頭を打たれたような衝撃を受けた。

「自尊感情のない私が、子どもにどうやって自尊感情を与えられるのか」

わずか一行の感想文だ。つらい思いだけがこみ上げる講演会だったにちがいない。でも、明日からも講演の旅路をつづけよう、この一文を背負いながら。

あなたは一人ぼっちじゃない――。

「事件」は土壇場で起こった

M子たち六年生のクラスは、最悪といってよい状態にあった。

三学期になっても、女子はいくつもの小グループに分裂。男子には上下関係が歴然と存在していた。当然、男女間の人間関係も自慢できるものは何もなかった。

教室内でのトラブルは、毎日のように発生。ただ一つの救いは「何かのときには一致団結する」ということだった。その空気はいつからか少しずつ芽生えていた。

担任のK先生は、四〇代半ばの一見コワモテ派。怒ると怖い。だが、子どもたちをほめ称《たた》えるときには、満面の笑顔と目の輝きが最高だった。

K先生はことあるごとに、子どもたちにこんなことを口にした。

「お前ら三組がこの学校からおらんようになったら、おもろないから、ワシもいっしょに中学校についていくぞ。中学校の理科の免許も持ってることやし」

同じクラスに、自閉的傾向のあるIさんがいた。そのIさんをいつも気にかけているK先生だから、本気度も高いのではないかと思えた。

このような先生を嫌っている者はだれ一人いなかった。担任の不思議な魅力だけが、このクラスを手もつけられないほどの崩壊状態に至らせなかったのかもしれない。

卒業式が近づいてきても、クラスの状態に変化の兆しは見えなかった。

ところが、「事件」は卒業式前日という土壇場で起こった。

歌の練習をまじめにやらない子がたくさんいたため、K先生はとうとう怒りを爆発させた。

「おまえら、歌わんのなら、明日の卒業式は出なくてええ!」

三組の全員が体育館から締め出しを食らった。M子たちはとぼとぼと教室に戻った。一組二組が練習している歌声が聴こえてきた。

教室の中は、しばらく重苦しい沈黙がつづいた。悲しくて、悔しくて、泣いている子もいた。

そのときだった。

「みんなで練習しよう」

女子の一人が、声を震わせて言った。

「私ら、K先生にいやな思いをさせたまま、卒業していいんか……」

このことばで、全員が動きはじめた。教室のすぐ隣は音楽室だった。

小心者のM子は、そのとき少しためらった。音楽室を勝手に使用して、またそのことで叱られるのでは……。

しかし、みんなの流れに身を任せた。

ピアノが得意だったM子は、仲間に推されて伴奏を引き受けた。はじめは小さな声だった。でも、少しずつ声が出はじめた。歌える子が、声を出さない子のそばで付きっ切りになって励ました。しだいに声は大きくなっていった。そして、ついに全員の歌声が音楽室に響きわたった。

M子には体育館から聞こえてくる歌声よりも、はるかに大きく美しく思えた。ピアノの鍵盤をたたきながら、そう感じていたとき、突然、音楽室の後ろのドアが乱暴に開かれた。そして、大きな紙がバーンと貼《は》られると、ドアはすぐに閉まった。ほんとうに一瞬の出来事だった。

それに気づいた数名が叫んだ。

「K先生や」

張り紙には、先生の大きな太い文字が躍っていた。

〈すまん。先生が全部悪い！　お前らはスゴイ！〉

クラスの全員が、それに釘《くぎ》づけになった。M子の目にも、大きな文字が飛び込んできた。だが、涙でぼやけて見えなくなってしまった。

「みんなで練習しよう」と言い出した子も、最初まったく歌わなかった子も、全員が泣いた。

「卒業したくないなあ」

「ほんまにK先生、中学校に連れていきたいわ」

しばらくすると、そんな声が聞こえてきた。

みんなで、K先生が待ってくれているにちがいない三組の教室に戻った。

先生は教卓の前でひとり泣いていた。K先生を囲んでみんなで泣いた――。

大阪教育大学の学生Mさんの六年生のときの「体験」である。

「K先生はトラブルの数だけ本気で怒ってくれた。『三組ってイケてる!』私たちは人とのかかわりのなかで育まれる大切なものを知った」と結んでいる。

教育実践とは決して小奇麗《こぎれい》でスマートなものではない。学校は人間同士が本気で泥臭くぶつかり合い、そして自尊感情が集団的に育まれる場なのだ。

今年度もまた卒業式がひたひたと近づいている。

一本のチューリップ

「私は小学校六年生の時、荒れた。自分を見失って、不安定になっていた」

Y子のクラスには、いじめが蔓延《まんえん》していた。校長先生や教頭先生が見回りに来たり、いじめられている子どもの親がどなり込んでくることもしばしばだった。

特定の子がいじめられているわけではない。いじめの中心になっていた数名の男子と女子以外は、すべてが被害者であり、加害者でもあった。

「私はいじめの中心になっていた女の子と仲がよかったが、私がいじめられている子を助ければ、今度は自分がいじめの対象にされた。私は絶対いじめる側には立ちたくなかったが、いじめられることもいやだったので、すべてを受け入れることにした」

友だちがいじめられる姿を見ても、いやな思いや叫びたくなる気持ちのすべてを我慢する。心にそう決めた。

担任はいじめが起こるたびに、みんなの前で叱責。一方的にどなるだけで問題を片づけようとしていた。その姿に違和感を覚えても、Y子は自分の気持ちを担任に打ち明けることはなかった。

我慢する、と一度は心に決めたものの、見るに見かねて、いじめている子に抗議するときもあった。すると案の定、ひどい仕打ちが返ってきた。

いじめをやめろと言いたい本心、いじめられたくない気持ち、そして自分がいやがらせを受けるつらさ。そのはざまに在って、いったいどうすればよいのかわからなくなってしまった。

「不安と孤独を感じ、いつも緊張していなければならないクラスで、自尊感情など育たなかった」

このような状態がつづくうちに、Y子はストレスが高じ、登校前に腹痛に見舞われたり、母親に八つ当たりする日が増えた。

「私の母は小学校の教員であったので、帰りが遅かった。私は母に話を聴いてほしかったのかもしれない。だが、素直に態度に表せず、母を叩《たた》いたり水をかけたりしていた」

母親に対する思いは屈折して、しだいに「大嫌い!」という気持ちをいだくようになっていった。クラスの状態は好転せず、友だちからのいやがらせはつづき、母親に対する思いも何ら変わらないまま、Y子は卒業の日を迎えようとしていた。

そんな矢先、母から「卒業式に出られない」と知らされた。母親の勤める学校の卒業式と日が重なったからだ。

「母は、私がつらい思いをしているのに出席できないことを謝った。しかし、私はもう何も感じなくなっていた」

卒業式前日、Y子はひとり学校から帰ってきた。いつもどおり、だれもいない家に入ると、人の気配を感じた。

母親だった。電気もつけず、薄暗い部屋の中で、赤いチューリップの花束を抱きかかえて、じっと立っていた。

「母は泣きながら、その花束と小さな手紙を私にそっと差し出した。それは、母の勤める学校の教頭先生からのものだった。教頭先生とは一度か二度しか会ったことがなかったが、温かい感じの先生で、大好きな人だった」

Y子は戸惑いながら、手紙に目を落とした。

〈Y子さん　明日卒業おめでとう
心からお祝い申し上げます
せっかくの卒業式なのに　お母さんが出席できなくて　ごめんなさい
この花一輪　ポケットに入れて卒業式に出て下さい
それは　お母さんの香りです
それは　お母さんの美しさです

それは　お母さんのあたたかさです
それは　お母さんのやさしさです
それは　お母さんのはげましです
そして……　式の途中でそっとにぎって下さい
お母さんはどうしても○○小学校になくてはならない立派な先生なのです
それを誇りに思って　明日はがんばって下さい〉

「私はこの手紙を読んだ瞬間、肩の荷がスッと下りた気がした。数回しか会ったことのない教頭先生が、私を思ってくれていること。母やまわりの人の愛情に包まれていることに気づかせてくれる手紙だった」

もう何も怖がらなくていいんだ。そんな強い思いがこみ上げてきた。不安も孤独感も一気に消え去る瞬間だった。

「まわりの人からの愛情が、私に自信をつけさせてくれたのだ」

それは単なる自信ではない。存在に対する自信、つまり自尊感情というものをY子は呼び覚まされたのだろう。

彼女はいま関東で教職に就いている。この春、六年生になる子どもの母親でもある。

第Ⅱ章

元気の出る学級づくりと授業

授業をも高めていく魔法のチカラ

「ああ、今年の学級はどうしてこんなに消極的な子どもが多いのだろう……。去年の学級は子どもたちがとても前向きだったのになあ……」

このように、過ぎ去ったことをいくら引き合いに出しても、目の前の事態はいっこうに解決しない。そうとわかっていても、ついつい去年の子どもたちの姿が脳裏に浮かんできて、比べてしまうこともある。

担任の仕事というのは、ある意味とても過酷なものだ。前年度、子どもたちと苦労してつくり上げた学級。それが三月下旬で解散。そして四月。ひと月もたたないうちに、またもや学級づくりはゼロからのスタートだ。年によってはマイナスからのスタートという場合もある。

三月と四月、隣り合った月でありながら、その落差たるやあまりにも大きいものがある。この落差のすき間から、去年の子どもたちの姿がよみがえってくるのかもしれない。

しかし、すでに新しい幕は切って落とされた。過去への「とらわれ」を捨て去り、新たな子どもたちへの「こだわり」を――。

いきなりネガティブなことを書いてしまったが、新しい学級の担任になって、毎日学校に行くのがたのしくて仕方がない、という先生も少なくないと思う。

その担任は、きっと晴れやかな表情で教室に入るはずだ。子どもは、その表情を見つめながら『きょうは先生、開口一番どんな話をしてくれるのだろう』と、耳を澄まし、心弾ませているにちがいない。授業のはじまりにおいて、これほど良好な相互関係はないと思う。

不思議なもので、こちらが笑顔で教室に入れば、しだいにそれが「空気感染」して、子どもたちの表情も内面も少しずつ変化していくものだ。

兵庫が生んだ綴方《つづりかた》教師・小西健二郎《こにしけんじろう》は、その著書『学級革命』（牧書店、一九五五年）のなかでつぎのように述べている。

「一日（授業）の出発を説教ではじめてはならない——だれかに聞いたのか、本でよんだのか、はっきりしません。ムシリとした顔で教室へはいらないように気をつけています。にこにこと、せめて普通の顔でいくように心掛けています。」

時代がいくら大きく変化しても、このことはつねに心しておきたいものだ。できれば、教室の入り口に鏡を備え付けておきたいぐらいである。

「ムシリとした顔」の教師。その前方に同様の表情を浮かべた子どもたちが居並ぶ教室。そのような教室で、活発に意見が飛び交う知的ですばらしい授業など展開できるはずがない。

この三月、ソウル教育大学附属小学校を訪れたときの六年生の教室もそうだった。先日参観した大阪市内のT中学校の音楽の授業もそうだった。教師のナチュラルな笑顔、柔らかな表情が子どもたちの心をひらき、授業を高めていく魔法のチカラとなっていた。

◉「みんなや先生が大好き」になってしまうクラス

ある中学年の子どもの手紙を紹介したい。クラスのようすやその進化の具合が、手に取るようにわかる内容だ。

〈私たちのクラスは、日本一の学級をめざしています。合ことばは『ヒートアップ』と『力はついているものではなく、つけるもの!』です。私たちは、ゴミが落ちていたら拾ったり、人がしっぱいした時はドンマイ!などと言って、なぐさめてあげます。

さいしょはそうではなかったけど、先生がいろんなことを教えてくれるからです。私はそんなみんなや先生が大好きです。

こんどは四年生だけど、もっともっとヒートアップしていきます。〉

これは、長期連載中の毎日小学生新聞に、宮崎県の小学生が投稿してくれた文章の一部だ。

このように子ども自身がお気に入りのクラスというものは、とても得がたいものだ。

しかし、手紙のなかにも書かれているように、このクラスも「さいしょはそうではなかった」ようだ。

教室にゴミが落ちていても、それを拾ったりする子どもはいなかった。

「自分が落としたゴミじゃないから、関係ないし」

「落とした人が拾えばよいこと」

きっと、そのような状態がつづいていたのだろう。おそらくゴミ以外の問題でもそうだったのではないか。また、だれかが失敗したり、間違えたりしたときには、失笑が起きたり、相手をバカにする発言が飛んだりしたのでは、と推察される。

しかし、いまでは「ゴミが落ちていたら拾ったり、人がしっぱいした時はドンマイ！などと言って、なぐさめてあげます」と、進化のほどが書かれている。

いったい、その背景には何があったのか。

少なくともこの手紙から、二つのことが読み取れる。一つは「合いことば」の効用である。「日本一の学級」という大きな目標をめざして「ヒートアップ」すること、そして「力はついているものではなく、つけるもの！」という二つの下位項目が定められ、それらがクラスの合いことばとして子どもたちの内面にみごとに脈打っていたのだろう。魅力的なことばは、子どもとその集団に大きな力を与える。反対に、常套《じょうとう》語句や概念化されたことばは何の効果ももたらしてくれない。

もう一つは「先生がいろんなことを教えてくれるから」という点が大きなポイントだと思える。子どもは教師のお説教など好まない。しかし、話してくれることが、心に響く内容であれば、熱心に耳を傾ける。じつに現金なものだ。手紙のなかには具体的なことは書かれていないが、この担任は子どもに聴かせる内容と話法を持ち合わせている人なんだということは容易に想像できる。

子どもはエピソードつまり事実を聴くことが大好きだ。自分の体験談を交えながら、子どもたちにドラマチックに話をするこの担任の姿が目に浮かんできてならない。

「学級びらき」は二度ある

大きな勘ちがいをしてはいけない。

学級は新学期のスタート時点から「ある」ものではない。つくって「なる」ものだ。教室や机や黒板は、もともと「ある」もの。ところが、学級は子どもといっしょに苦労してつくることによって「なる」ものである。

だからこそ、ふだんから学級づくりという地道な作業が必要なわけだ。

では、学級はいったいどのような目的をもち、どのようにつくっていけばよいのか。

四月当初、それぞれの教室では「学級づくりの事始め」として、工夫をこらした学級びらきがおこなわれる。

そこでは、担任から子どもたちに熱い願いを込めて「こんな一年間にしよう」「こんな学級でありたい」ということが語られたり、子どもたちが決意を表明する場が設けられることもある。

教師が語り、子どもに語ってもらうだけではなく、もっと華やかなパフォーマンスがおこなわれる教室もあるだろう。また、教師がもっとも得意とする芸や技を披露して、子どもたちをアッと驚かせる場面をつくりだす教室もあるはずだ。

いや、教師ばかりが目立ってどうする。子どもにスポットライトを当てることがいちばん大事なのだ、というわけで、特別な場面設定がおこなわれる教室もあるにちがいない。

しかし、いってみれば、これらの学級びらきは「形式的学級びらき」というものにほかならない。学級びらきには、もう一つある。それは「実質的学級びらき」というものだ。これを忘れるわけにはいかない。

四月のある日、あるいは五月の連休明けに教室で事件発生。たとえば、人の悪口を書いた紙切れが床に落ちていた。掃除をサボる子どもが出はじめた。授業中に相手を傷つけるような発言が飛び出した、などなど。

これらの出来事は、もちろん起こらないに越したことはない。しかし、起きてしまうこともある。

『あんなに楽しい学級びらきをして、きょうまで、とても順調に来ていたのに……。ああ、これはいったいどういうことなの……』

愕然《がくぜん》として、暗く落ち込んでしまうこともあるだろう。でも、ここが担任の踏ん張りどころだ。起こってしまった事件。これこそが「実質的学級びらき」、そのチャンス到来なのだ。

教師がすべてを引っかぶり、ひとり暗澹《あんたん》たる気持ちになる必要などない。ましてや、暗い顔をぶら下げ、眉間に縦じわを寄せて、くどいお説教を展開することも避けたい。

子どもといっしょになって、その出来事にていねいに立ち向かうこと。これが大切なのだ。

『この出来事を通じて、子どもたちに何を学んでもらおうか――』

そのようにポジティブに考えるほうが、はるかに生産的で建設的である。

◉身が凍るような大介の発言

四月後半のある算数の時間。座席の順にドリル問題の答えを言っていくとき。佐知子が答えられず、無言の状態に。そのときだった。

「こんな問題わからんかったら、もうおしまいやなー」

教室の後方から、身が凍るようなことばが飛んできた。大介だった。

こんなとき、どうすべきなのか。瞬時の対応、つまり即応性が教師には求められる。

「自分が言われてイヤなことは、人に言うものじゃない。謝れ！」

声を張り上げて注意。そして、みんなにもそのようなことを言わないように促す。

新学期は、これが通常の対応なのかもしれない。しかし、別の方途もある。

担任はあえて口を挟まないで、しばらく待ってみる。大介の発言に対して、だれかが意見を言ってくれることを、ひたすら期待して――。

ところが、学期はじめということもあってか、十数秒間待っても子どもからの発言は皆無。

これ以上、沈黙がつづくと、言われた佐知子の気持ちは余計に折れてしまうだろう。

そうなると、いよいよ担任の出番だ。

担任は高ぶる感情を抑え、あえて平生を装いながら、一言。

「おかしい……。いま、おかしいことが二つあった……」

ボールを子どもたちに投げ返したのだ。

この「大介発言事件」は、じつは私が小学校教員時代、実際に経験したことである。

ボールを投げ返した結果、どうなったか。ありがたいことに、そのボールを受け止める子どもたちが出てくれた。

「大介くん、自分だってそんなこと言われたらイヤでしょ。佐知子さんにあやまりョ」

この種の意見がつづいて、大介は反省を迫られた。

大介発言のおかしさについては、気づいてくれたものの、「もう一つのおかしいこと」については、だれ一人気づいてくれなかった。

そこで、やむなく担任が話をした。

「いま、クラスの仲間が仲間からイヤなことを言われたのに、担任がしゃしゃり出て授業を止めてしまった。それが、おかしいこと。みんなはもう五年生。高学年になったのに、きょうは担任が出てしまった」

極力、お説教にならないよう意識して、担任の思いと願いを伝えたのだ。ニュートラルなスタンスを保ちながら話したせいか、子どもたちは静かに耳を傾けてくれた。

当の佐知子はというと、この日をきっかけに、学習で困ったとき、「私、わからへん……」と、少しずつ言える子どもになっていった――。

めざそう！　銀の糸引く「納豆型学級」

「この学年は、まったくまとまりがなくて困る」

「このクラスは、なんだか子どもたちがバラバラ。いったい、どうなっているの」

そのようなグチは禁物。と、わかっていても、ついつい口に出したくなることはよくある。でも、考えてみれば、四月、五月の時期から「まとまりのあるクラス」など、かえって不気味ではないか。

学期当初は、子どもたちを大豆に例えるなら（失礼ながら）、節分のお豆さん状態。つまり、バラバラで、一部にはツルんだり、群れたりしている姿が見られるものの、全体としてはつながりなどあったものではない。

この状態は、名づけるなら「大豆型学級」といえる。

「これではいけない。もっと、まとまりのある学級にしなくては」と、教師が意気込みすぎて、声を張り上げ、個をくだき、事あるごとに締め上げるとどうなるだろう。

「大豆型学級」は、やがて「豆腐型学級」になってしまう。たしかに、バラバラの大豆状態より豆腐のほうが、教師にとってはずっと扱いやすいかもしれない。

「おお、なかなかまとまりのよいクラスになってきた。担任の一声で、全員がサッとこちらを向いてくれるようになった」

ところが、四角四面の「豆腐型学級」では、子ども一人ひとりの表情も持ち味も消えてしまい、個の実像が見えにくくなりがちだ。このような状態では、感動的な深い授業など成立するはずがない。

「豆腐型学級」は、一見まとまりがよい集団のように見える。だが、じっくり内側をのぞき込んでみると、じつは子ども同士が窮屈な思いをして、せめぎ合い、ストレスを溜《た》め込み、弱い立場の子どもがつねに下敷き状態になってあえいでいることが多い。担任がじっくり内側までのぞき込む姿勢を持たないかぎり、「まとまりのよいクラス」＝「問題のないクラス」という大きな勘ちがいに気づくことなく、深刻ないじめの構造が静かに形成されてしまうケースも多々ある。

したがって、めざすべきは「大豆型学級」でもなく「豆腐型学級」でもなく、銀の糸引く「納豆型学級」だ。納豆はご承知のとおり、一つひとつの大豆が粒立ちよく自立して、しかも互いに程よくつながり合う。

学級づくりが「個の自立と集団の自治」をめざすものなら、「納豆型学級」はきわめて理想形に近いといえる。はなはだ臭いはきつく、かき混ぜすぎると割りばしが折れるぐらい粘着性が高じてしまう。だが、生卵・かつおぶし・ねぎ・調味料を加えると、栄養バランスにも富んだおいしい逸品ができ上がる。豆腐・納豆というメタファー（隠喩）は、長野県のグリーン・ヒルズ小中学校長で元千葉大学教授・上杉賢士さんとの対談で得たところが大きい（対談集『若い教師が元気の出る七つの提言』明治図書出版、二〇一〇年）。しかし、子どもたちもイメージ豊かに理解してくれるはずだ。

「さあ、みんな。めざすは『大豆型学級』か。『豆腐型学級』か。それとも『納豆型学級』か」

子どもたちにあえて画一的な答えを求める必要はないが、互いに学級イメージを共有し合ううえで、わかりやすくて有効なメタファーになるのではないか。

「先生、クラスで大豆を育てよう」

「おもしろそう。キュウリやナスより、大豆をいっぱい育てよう」

「賛成、賛成。そして、三学期には納豆作りに挑戦して、最後に納豆パーティーを開きたい」

子どもたちが教師の想定を超えて、愉快な提案をしてくれれば願ったり叶《かな》ったりだ。

◉子どもがつながるための「必需品」

ところで、バラバラ状態の大豆と、互いがつながっている納豆は、いったい何が違うのか。そこが重要なポイントである。大きな違いは、納豆が納豆菌の有効な働きを得ているということ。つまり、納豆菌がつなぎの役目を果たしているわけだ。

では、バラバラの「大豆型学級」ではなく、つながりのある「納豆型学級」をめざすにはいったい何が必要なのか。それはいうまでもなく「つなぎ」すなわちボンドである。

「このクラスは、いつまでたっても子どもたちがバラバラ」

そのようにグチを言い、原因を子どもになすりつけていても何も生まれない。そのような暇があるならボンドをいますぐ用意すること。そのほうがはるかに生産的である。ボンドがないから、つながらないわけだ。有効なボンドがあれば、子どもはつながる。

「このクラスは、どうも男子と女子の仲が悪い。まるで水と油」

このように互いが混じり合うことが困難な関係は、しばしば「水と油」に例えられる。そこで問題を一つ。

「水と油」の関係によく似た「酢と油」の関係について考えてください。両者を同じ容器に入れると、上下に分離したまま、いっこうに混ざり合いません。しかし、そこにあるボンドを投入すると、みごとに混ざってしまいます。そのボンドとはいったい何でしょうか。

正解は、卵黄だ。あの「酢と油」でさえ、有効最適な「卵黄」というボンドが用意されると、みごとに化学反応を起こし、新しい食品が誕生する。

この事実を、学級づくりにおいても粘り強く追求したいものだ。

「今年のクラスは、チームワーク抜群」

「このクラスは、男女の仲がほんとうにすばらしい」

それは間違いなく「ボンド」の有り無しが大きく関係していると考えられる。

「ああ、去年の学年は、男女の仲が最高によかったのになあ……」と、ついつい嘆きたくなったなら、まず、去年は何がボンドとして有効に作用していたのか。それを振り返ってみることだ。

目の前の子どもたちに最適のボンドが用意されれば「納豆型学級」は実現できる。

この一年間、子どもと教師でさまざまなボンドを見つける旅に出てはどうだろう。

そして、学級に高質な化学変化を――。

三学期のハッピー・ゴールをめざして

学期のはじめに、かなり意気込んで班や係を決めたものの、現在のところ、それらの活動はほぼ休止状態。ときどき教師が、授業中に「班で話し合いなさい」と班を道具のように使ったり、給食や掃除のために役立っているだけ。そして係活動はというと、ほとんど活発な活動はおこなわれていないありさま。

このようなクラスはないだろうか。

そもそも班や係は「学級活動」を活性化させるためにつくられたはずだ。この「学級活動」を通じて、すばらしい学級をつくろうというねらいが、いつの間にか薄らいでしまっているなら、それは大きな問題である。

学級づくりの実践は、フルシーズンいつでもどこでもおこなわれるべきもの。ところが、書店の教育書コーナー「学級経営」の書棚に教師が群がるのは新学期が始まる直前だけ、というのは怪奇な現象だ。もしかすると、学級づくりという実践は「学級びらき」と、係や班づくりといった学級組織をつくることなのだと、大きな勘ちがいしている人がいるため、新学期直前に珍現象が書店で見られるのだろうか。

「授業のほうが忙しくて、ついつい学級づくりに手が回らなくて……」

このような声もしばしば耳にする。だが、それもよく考えてみればおかしい話だ。学級づくりはフルシーズンどこでもおこなうべきものであり、当然、授業中にも教師は学級づくりという視点を意識していなければならない。授業という「学習活動」を通じた学級づくりは、授業が毎日おこなわれているかぎり、欠かすことのできない大切なことである。

こうして見てくると、学級づくりには大きく二つのルートがあることがわかる。一つは「学級活動」を通じた学級づくりであり、もう一つは「学習活動（授業）」を通じた学級づくりだ。

まず、一つ目の「学級活動」は特別活動の領域を中心とするもので、教科指導などの授業時間以外におこなわれるさまざまな活動である。具体的には班活動・係活動・当番活動・学級会活動・各種行事などがあげられる。その目標は「学級活動を通して、望ましい人間関係を形成し、集団の一員として学級や学校におけるよりよい生活づくりに参画し、諸問題を解決しようとする自主的、実践的な態度や健全な生活態度を育てる」（小学校学習指導要領）とされている。

班や係を学級会で決めたものの、活動がいっこうに活性化していなかったり、開店休業というありさまであれば、悲しいかな「学級活動」は立ち枯れ状態といわざるをえない。

「でも……、もめごとがクラスでしょっちゅう起きるため、話し合いはたびたびやっています」ということをよく聞く。

これは子どもたちが「学級活動」を通じて、善玉エネルギーを積極的に発揮することができないため、ついつい悪玉エネルギーが発火し、いじめが生じたり、もめごとが続発してしまうのだ。

では、子どもたちが持っている総エネルギーが平和利用される学級をつくるには、いったいどうすればよいのだろうか。

◉「どんなクラスにしたいか」を再確認

その答えは簡単だ。まず、子どもたちにつぎの二つを問うてみることだ。一つは「どんな学級にしたいか」ということ。もう一つは「学級でどんなことをやってみたいか」ということである。つまり、学級目標と活動内容の二つを子どもたちにあらためて問い返してみるのだ。

そして三学期末のハッピー・ゴールを、いまからみんなでイメージしながら、クラスの再スタートを切ることが大切だと思う。

すでに目標を決めている学級でも、学級目標を再設定することはゴールに向けての重要な「仕切り直しのための学級活動」である。一人が一つ自分の願う学級目標を考えてきて、それをすべて板書し、協議の結果、何条かの洗練された文章で表現したいものだ。「仲のよいクラス」「楽しいクラス」など、抽象的で一般的なものではなく、そのクラス独自の個性的なもの。

しかも、だれもが納得できる「お気に入りの学級目標をつくろう」と、教師が熱を込めて語る。

仮に、子どもたちから「せっかく一学期に決めた学級目標があるのに」「自分たちはこれが気に入っていて、いまめざしている」という反論が出れば、これは願ってもないことだ。「だれもが確実にめざせているのか」を、いま一度確認し合う絶好の機会にすればよい。

もう一つは「クラスでどんなことをやってみたいか」（活動内容）をみんなで話し合うこと。それによって、子どもたち一人ひとりの願いや要求が明確になり、それらが共有されるなら、善玉エネルギーを発揮するターゲットが定まる。そのために、これも学級目標同様に一人が一つ家で考えてきて、発表する。しかし、活動内容についてはイメージすることが困難な子どももいるため、あらかじめ教師が事例を紹介することも必要だ。

「ある学校では三分間大なわとびで一八一回という大記録を出したクラスがあるそうだ」「子どもが学級新聞を毎日発行して、とても盛り上がっているクラスがあるらしい。ときどき先生を注意するような記事も載るそうだ」「教室を水族館のようにしたクラスがあるらしい」などと、子どもが自分たちもやってみたいという意欲を大いに喚起するよう情報を提供するわけである。

活動内容はみんなの意見を集約し、最終的には六つぐらいの柱にまとめたい。たとえば「大なわ協会」「新聞社」「水族園」などのプロジェクト・チームが教室に六つ誕生すると、クラスは一気に活性化する。自分はどのチームに所属して、学級目標の実現をめざして、みんなも自分もどう愉《たの》しむかと、子どもたちはそれぞれ善玉エネルギーの燃焼を開始することになる。

このような創造的で生産的な文化活動を通じて、子ども自身が学級という社会を自分の持ち味を生かして積極的につくり上げていくこと。それは主権者を育てる意味においても、とても重要な自治的営みである。

授業を通した学級づくり

「先生の授業はおもしろくありません。もっと、みんながいろんな意見を出し合える授業にしてください。そうしたら、もっともっと授業も学級もたのしくなると思います。小学校のとき、そうだったので……」

中一の社会科の授業が終わったあと、数人の生徒が教師のところにやってきて漏らしたことばである。

「とてもショックでした。でも、生徒たちの前向きな声にぜひ応えたいと思います」

その教師はこのように話してくれた。生徒の願いを誠実に受け止めようとする彼女の姿勢に、すがすがしさを感じた。

この場合、子どもたちが授業のあり方について教師に提案したわけだ。すばらしいことだと思えてならない。そのすばらしさを整理するなら、つぎの四点になるだろう。①この子どもたちは、授業がたのしいものである、ということを知っている。②みんなが意見を出し合うと学級もたのしくなる、ということがわかっている。③小学生のとき、実際に身をもって体験している。④教師に対して率直に自分たちの意見を表明している。

この教師は社会科担当。一二年の経験を持つ。本人いわく、これまで自分なりにたのしい授業を提供してきたつもりだった。だが今回、子どもたちの生の声を聴き、もっと子どもが参加できる場面を多く採り入れなければ、と深く反省。現在、授業の構成を根本的に練り直している最中だという。省察し、さっそく実践化しようとする姿勢の持ち主だからこそ、子どもたちもこの教師なら、と要求的な提案をしてくれたにちがいない。「どうせ、この先生に言ったって聞き入れてくれないし……」「言い返されるだけだ」と、子どもたちが距離を置いている教師には、率直な意見をそう簡単には言ってくれはしない。子どもとは、じつに怖い存在である。

四五分なり五〇分の授業を、教師が何のメリハリもなく一方的にしゃべりつづけ、しきりに板書。つぎに口を開くと「ここは大事なところだから、よく覚えておくように。わかったナ」。

このような授業が毎日繰り広げられると、子どもたちの熱はしだいに冷めていく。また、このような授業は集団で学んでいるにもかかわらず、個がバラバラに分断されてしまう授業といわねばならない。教師は一定の役割意識を持ち、意気込んで「授ける業」を遂行しているものの、一方的な授業展開が常態化すると、子どもは「孤立した客体」を強いられ、「学びのシャッター」を降ろしはじめる。

そのような事態を克服するため、子ども自身が自発的に意見を述べ合い、思考が集団的に高まっていくことをねらって、さまざまな授業形態が工夫されている。

たとえば、子どもの机をコの字型やハの字型に配置したり、子ども同士の相互指名方式を採り入れたりしている教室も少なくない。ところが、しばしば不思議な光景に出くわす。指名されて立ち上がった子どもが、わざわざ教師に向かって発言するのだ。また、その発言に対して教師も子どもの顔を見ながら相づちを打つ。おまけに、子どもの発言が終わるや、必ずそのあとで教師が発言を機械的にリボイス。

これでは、机をコの字型に配置する意味がない。しかも、教師が毎回リボイスするため、子どもはその間、集中して考える機会を奪われてしまう。さらに、友だちの意見を傾聴しなくても「どうせまた先生が復唱してくれるから」と、油断してしまうことさえある。

教師と子どもが一対一の関係で応答する。それに終始する授業なら、スクール型式と呼ばれる全員が前を向いた机の配置で十分ではないか。

◉「扇型授業」から「星型授業」そして

教師が発問し、子どもAが返答。それを教師がリボイスしながら、板書。そして「ハイ、ほかに」と、教師が全員に一言。すると、今度は子どもBが教師に向かって自分の意見を言う。それをまた教師が機械的にリボイスして板書。またまた「ハイ、ほかに」と教師。つぎは子どもＣが答える。それをリボイスして、板書。そのあと、またもや「ハイ、ほかに」……。

このように教師がつねに扇の要の位置に立って進める授業を、私は「扇型授業」と名づけている。この授業では、教師がつねに窓口役のために、子ども同士でつぎつぎと意見をつなぎながら、考えを深めていくということにはなりがたい。

さらに、問題視すべきは教師の心ない一言「ハイ、ほかに」である。これは、子どもと子どもの意見をつなごうとする「接続語」ではない。明白な「切断語」といわざるをえない。せめて教師は「つづいて、どうぞ」という接続を促すことばをかけるべきではないか。もちろん、教師が言わなくても「つづいて言います」「少し違う意見ですが」など、子どもから「接続語」が発せられるに越したことはない。

その結果、教師の介在なしに、子どもから子どもへと仮に三人の発言がつづいたなら、これは「扇型授業」から立派に進化した「デルタ型授業」の成立である。また、五人の子どもが、教師の介入なしに発言をつづけて、考えを深めていったなら、いよいよ「星型授業」の成立ということになる。

授業中にこのような進化の場面が見られたとき、教師は機をうかがい、絶賛すべきである。「すごい。このクラスは間違いなく進化している。これまでは『扇型授業』だった。ところが、きょうついに『星型授業』を達成。つぎにめざすべきは『ダイヤモンド型授業』だ」

いうまでもなく「ダイヤモンド型授業」とは、子どもが入れ替わり立ち替わり縦横無尽に発言をつづけ、教師の想定を超えた質的深まりが実現する授業を意味する。教師は教室の一画に存在し、子どもの意見を整然と板書。そして、意見が堂々巡りしたり、重要な点を落としたまま発言がつづく場合には適切かつ鋭い介入を最小限おこなうのだ。

「学習活動（授業）」を通した学級づくり。それは、授業によって子どもがつながっていくことからはじまる。

めざせ！　めざそう！　『ダイヤモンド型授業』。

子どもの心をつなぐ「インスタント文化ボンド」

「学級通信を毎日書いて、子どものようすを保護者に伝える実践をつづけています」「うちの学校では、全校あげて朝の読書活動の実践をおこなっています。子どもたちは静かに熱心に本と向き合っています」「いま、私は子どもの日記指導を重視した実践に励んでいます。おかげで、子どもたちはよく書いてくれるようになりました」

このようなことをよく耳にする。ところが、相手は悦に入って話しているのに、こちらは何か物足りなさを感じてしまう。とりわけ「教育実践」「実践家」ということばの響きに特別な憧憬の念を持ちつづけてきた自分にとっては、違和感さえいだいてしまうこともある。

理由は明白だ。このような話を聴いていても、子どもの顔がまったく浮かんでこないからである。外皮だけを示されても「だからどうなの。それで?」と問い返したくなってしまう。

学級通信の発行、朝の読書活動、子どもの日記指導……。いずれも大切なことだ。しかも、全校あげて実施することや、日々継続しておこなうことは貴重なことである。しかし、これらはいってみれば「取り組み」であって「実践」ではない。

結果や成果もさることながら、「感動のプロセス」が伴ってこそ、実践と呼べるのではないか。取り組みが道半ばであったとしても、たとえば「読書なんか大キライ」と言い張っていた子どもが、最近、朝の読書の時間、夢中になって本と向き合っている。そして、言ってくれるのだ。

「センセ、この本、読んだか。オレ、家でも夜遅くまで読んでいて、きょうは目が痛い。でも、メッチャ感動した」

このように子どもの姿やようす、すなわち「子どもの事実」が語られてこそ、やっと実践という奥深い世界の入り口に立つことができた、といえるのではないか。

ある取り組みを通じて、子どもがこのように見えてきた。あの子どもがこのように変わりはじめた。教室全体もこのように活性化してきた。その姿に、教師も子どもも互いに感動を覚えている……。そうなってくると、すてきな「教室ドラマ」の誕生といえるだろう。

したがって、「ドラマがなければ実践じゃない」と、あえて自ら仕事のハードルを高くして、取り組みを実践のレベルにまで引き上げようと意気込むこと。そうすることによって、仕事への志気も質も間違いなく高まっていくのではないかと思う。

さて、ここで「ボンド」について述べてみよう。子どもがつながるためには「つなぎ」、すなわちボンドが不可欠だが、その第一のボンドは「人ボンド」である。

第二のボンドとしては「文化ボンド」があげられる。これには合わせて五つある。その一つ目が、遊びやゲームである。学級全員でおこなうドッジボール遊びや大なわとびなど。これらは子どもと子どもをつなぐ楽しいボンドだ。さらに、近年開発が進む各種のエクササイズやアクティビティなど参加型ゲームもこれに含めることができる。たとえば、バースデー・チェーンや貿易ゲームなどがそれだが、ここではバースデー・チェーンを取り上げてみよう。

◉このクラス、まちがいなく進化している

「いまからお誕生日の順に並んで、クラスのみんなで一つの大きな輪をつくってもらいます。でも、口を使うことはいっさい禁止。さあ、何分でできるか。先生は時計で計っていますからね。では、はじめ！」

これは低学年からおとなまで十分に参加できて、初対面の人同士でも他者とのかかわりを持たなければ始まらないし、完結もしないように考案されたゲームだ。

「うちの学校では、このような参加型ゲームを多様に取り入れて、いじめについて体験的に考えたり、人間関係づくりをおこなったり、コミュニケーション・スキルを高めています。年間計画にもとづいて実践しています」

このように胸を張って報告する学校も少なくない。しかし、ここでも「取り組み」に終わらず、「ドラマがなければ実践じゃない！」という高いハードルをぜひ設定したいものである。

かつて五年生を担任したとき、四月の初めにバースデー・チェーンをやってみた。そのとき、三五名の子どもたちが一つの輪を完成させるために要した時間。それは、何と一七分四三秒。驚異的なロングタイムである。

初めの約五分間は『何でこんな面倒なこと、やらないとアカンの』と言いたげな表情の子どもたちも少なからずいた。しかし、しだいに動きがそこかしこから生まれていった。そのとき率先して動きをつくっているのはいったいだれか。まったく席から立ち上がろうとしない子どもに接近し、気を配りながら働きかけているのはだれか。最後の完成段階でみんなに会釈しながら仕切っているのはだれか、と興味津津だった。おかげで、いら立ちやサジを投げたくなるような気分にはまったくならなかった。むしろ、意外な子どもが重要な仕切り役を担ったり、孤立している子どもに働きかけている姿を目の当たりにしたときには、気持ちが和らいだ。

『このクラス、決して見捨てたものじゃない。有望、有望！』

そのように感じることさえできたのである。

「完成までにかかった時間は一七分四三秒。世界記録と比べたら、かなり遠いかも。でも、みんな、とってもイイ顔してやっていたよ」

この学年は四年生のとき、さまざまな問題行動が目立ち、仲間意識には大きく欠けた集団と見なされていたのだ。

二学期の始業式当日、子どもたちの思いがけない提案でふたたびバースデー・チェーンに挑戦することになった。すると、今度はわずか三分台で完成。前回と比べれば大記録の達成だ。

「このクラス、まちがいなく進化している。すごい！　チームワークがすごい！」

思わず絶賛してしまった。ゲームや遊びを「インスタント文化ボンド」として有効に活用するのは愉《たの》しいものだ。しかし、年中この種のものばかりでは、学級づくりのボンドとして「偏食が過ぎる」といわねばならないだろう。

良質なボンドが「学級の絆」に

子どもがつながるためには、つなぎ＝ボンドが必要だ。子どもがつながらずバラバラの学級は、ボンドが欠乏しているからだ。良質なボンドが存在しない学級では、集団という機能は崩れ去り、子どもたちは路線バスかエレベーターにたまたま乗り合わせた乗客同士のような、よそよそしい関係性に陥ってしまう。

では、具体的にボンドとはどのようなものか。これまで一部実践的な例を示しながら述べてきたところだが、あらためて全体を概観すると、つぎの三つに集約することができる。

Ⅰ．「人ボンド」＝担任あるいは特定の子どもの言動や存在そのものが効果的なボンドの役割を果たし、その集団に意味あるつながりを生み出す。

Ⅱ．「文化ボンド」＝これはつぎのように大きく五つに分けることができる。

①遊びやゲームなど「インスタント文化ボンド」

②集団のなかで起こる「事件や出来事」

③子どもや教師によるさまざまな「自治的諸活動」
④恒例の「学校行事や学級学年行事」
⑤ふだんの「授業」

Ⅲ．「第三のボンド」＝子どもたち一人ひとりが持っている「つらいこと」。それの共有。

「なーんだ。ボンドといっても何ら目新しいものはないではないか」
「すべて日常的な教育活動ばかりじゃないか」

このように思われた方も少なくないだろう。もっともなことだと思う。

要は、これらの日常的な教育活動を、いかに良質なボンドとしてとらえ直し、活《い》かすか。それに尽きるのだ。では、活かす主体はだれか。それは教師だけではない。子どもたち自身が活かそう、活かしてみせると立ち上がることがとても重要である。

たとえば修学旅行という学校行事一つをとってみても、忙しさのあまり、ついつい前年どおり無難にこなそう、という傾向もあるのでは。しかし、修学旅行という絶好の機会を活かし、あの高くて厚い男女の壁をなんとか壊したい、壊す契機にしたいと意欲的にボンド化することも可能なのだ。じつは、ここに実践の大きな差異が生まれる。

ある中学校で、教師が修学旅行実行委員の面々にこんな檄《げき》を飛ばした。

「現地に着くと、すぐ観光バスで三時間の移動。しかし、ここは『バス・レク』係の腕の見せどころです。その役割はただ一つ。車酔いの人を絶対一人も出さないこと。そのためには、バスガイドさんにマイクを握らせないで、すべて自分たちで仕切ること」

たいへんわかりやすい提案だ。ふだんノリのよくない生徒たちだったにもかかわらず、みごとに立ち上がり、バス車内は男女の壁を越えて、これまでにない盛り上がりをみせたという。おかげで、どうなるかと不安だった二学期の合唱コンクールも、この学年は修学旅行の勢いを引き継いで、大成功させたそうだ。

担任は笑顔で話してくれた。

「おかげで学校行事が、生徒たちをつないで結ぶ強力なボンドになりました」

「文化ボンド」④の事例を一つ示したが、秋は学校行事が多いシーズンだ。

「この行事を通して、あの子があの集団がこのように変わりはじめた」というエピソードが、職員室のあちらこちらで語られることを願ってやまない。

◉迫力のあるリアルな学級づくりを

つぎに「文化ボンド」③の「子どもや教師によるさまざまな自治的諸活動」について考えてみよう。

たとえば、いま学級園や学年園はどのような状態だろう。夏草が立ち枯れたままの雑草園と化しているなら、それはもったいないかぎりだ。緑の大根葉が所狭しと成長し、冬の収穫がいまから楽しみという学級もあるだろう。後者の学級では、大根そのものが有効な「文化ボンド」となって、今後も子どもたちの関係性を豊かに温かく築き上げていくにちがいない。

子どもたちが自主的な活動の主体となって「つくる・育てる・する」など、仲間とともに身体・頭・心をフルに使った生産的創造的な文化活動を展開すること。それは、今日とても貴重な学習活動である。かつては、これらを学級文化活動と総称して各地ですぐれた教育実践がおこなわれていたが、今日こそ「学級文化活動」を中心ボンドとした迫力のあるリアルな学級づくりの実践が待望されるところだ。

一方、教師が発行する学級通信も「文化ボンド」③、つまり「自治的諸活動」としてとらえることができる。たかが一枚のペーパー。しかし、これは子どもと教師、子どもと子ども、さらには保護者をもつなぐ強力な文化ボンドとなりうるのだ。

ここに一枚の学級通信がある。神奈川県の中学校教師が発行したものだが、彼はＳＨＲ（ショートホームルーム）の際、生徒に小さな紙切れを配付。生徒はそれに「きょう一日でいちばんうれしかったこと。またはその逆のこと」を数行殴り書きする。回収後、担任はそのなかから五〜七点を選び、学級通信に掲載。もちろん、担任のコメントも必ず添える。第二九号

〈五月一二日〉を読んで衝撃を受けた。その号のトップを飾った生徒の文章はこれである。

〈女子ウザイ　死ンデほシイ〉

さて、あなたならどのようなコメントをするか。「こんな文章は却下！」と握りつぶさず、この担任はつぎのようにコメントしている。

〈つらい文章だ

いったい何があったのか

でも軽々しく「死ぬ」ということばを出してほしくないな

人間の命はかけがえのないものなんだ〉

最初の二行が絶妙である。「聞かせてくれよ。どうしたの」と受容的だ。そのあと、要求的指導もおこなっている。これを書いた本人だけでなく、他の生徒も担任の熱い姿勢を読み取るにちがいない。四月当初、学級通信は教室の床に落ちたままであったり、ゴミ箱に捨てられていたこともあったそうだ。しかし、いまでは保護者も生徒に「早く読ませて」と催促するほどだという。

一枚のペーパーがみごとに学級の絆《きずな》（ボンド）となっている。良質な文化ボンドは、実践に意欲と歓喜をも運び込んでくれる。

質の高い授業を生み出す土台

五年生の教室。国語の時間のこと。
担任の発問にG男がサッと手をあげ、ゆっくり立ち上がった。しかし、G男は突っ立ったま
ま、しばらく考え込んでいる。担任も子どもたちも、その流れを受け入れているかに見えた。
が、つぎの瞬間、事態は急変。
「すぐに答えられないなら、もっとよく考えてから手をあげろよ！」
G男に向かって、吐き捨てるようなことばが飛んだ。声の主は大柄なM太だ。いら立った気
持ちが、G男にダイレクトに投げつけられたのだ。授業をそばで観ていた私は、息をのんで事
態を見守った。
ところが、周囲の子どもたちの反応は鈍く、担任もすぐには何の介入もしなかった。
結局、G男本人が自分の考えを少し口にしただけで、そのあと事態は収束へと向かった。観
ている者にとっても、後味の悪さだけが残る授業であった。
G男はいまどんな気持ちでいるのだろう。M太は何の自責の念もいだいていないのか。ほか

の子どもたちは、まったくの他人事だと思っているのだろうか。あのとき、自分ならどのような対応をしていただろう……。

そんなことを思いながら、授業のあと、担任にたずねてみた。まずはG男とM太の関係が気がかりだったので、それを問うてみると、担任は意外なことを教えてくれた。

「二人の仲はよくありません。つねにイライラ気分のM太は、のんびりしたG男の性格がとくに気に食わないようで……」

そこで、さらにたずねた。

「二人の生活背景はどうなのでしょう」

すると、担任は「じつは……」と言いながら、こんなことを話してくれた。

「G男にはお兄さんがいますが、重度の障がいがあり、在宅です。G男はそのお兄さんが大好きなのですが、あまりそのことについてふれたがりません……」

そして、M太の家庭についても教えてくれた。

「M太には弟がいます。兄弟二人はいま、おばあさんの家に預けられていて、そこからこの学校に通っているのです。両親は別居中で、土曜日になるといつも母親に会いに行っているそうです。でも、そのことはだれにも内緒にしています」

そうだったのか……。話を聞いて思ったことは、ただ一つ。それは、この二人が固く結ばれる回路というものが明確に存在しているということだ。

物語『ごんぎつね』のなかで、ごんがつぶやく台詞《せりふ》が頭に浮かんだ。

「おれと同じ、ひとりぼっちの兵十か」

G男とM太には家族がある。ひとりぼっちではないが、この二人が互いの家庭のようすを知ったとき、「おれと同じ……」と、二人には感じ合うものがあるはずだ。そうすると、きょうの授業のような凍りつく場面は生まれるはずがない。そのように思えてならなかった。

「二人がいつ、それを知り合うかですね。必ず、その機会はやってくるはず。もし、やってこなければ、こちらがつくるべきではないかとさえ思います……」

担任は、私の話しかけに静かにうなずいてくれた。二人が互いのことを知りうる場。それは決定的な出会いの場であり、二人が新たに出会い直す場面でもある。

「その場をつくる適切なタイミング。それは二人のこと、二人のようすについて情報をいちばんつかんでいる先生の仕事ですね」

私の率直なことばにも、担任は大きくうなずいてくれた。

◉「つらいことの共有」こそ最強のボンド

個人情報の取り扱いについては、十分な配慮が必要なことはいうまでもない。軽率な対応や、無責任な情報開示によって、子どもの人権が踏みにじられることはあってはならない。

では、どこまで踏み込んでよいのか。その答えは、教育という営みのうえでは、一律に出せるものではない。取り扱いの慎重さがつねに求められるが、同時にそれはその集団の質や成熟度の高低差によって大きく異なる。端的にいうなら、個の自立とつながりのある「納豆型集団」が高度に形成されている学級とそうでない学級では、個人情報についての相互理解や相互受容の度合いは、子どものみならず保護者も含めてずいぶん違ってくる。だからこそ「何でも言える学級・集団をつくる」という目標は、いまも昔もほんとうに重要で深いものなのだ。

G男とM太のことについては、集団全体の成熟度と無関係ではないにせよ、まずは二人の関係性の再構築という実践課題としてとらえることができる。したがって、そんなに長期戦略が必要なことではない。つねに担任が機をうかがいつつ、ここぞというときに二人を呼んで、「じつは……」と、じっくりと語り合うこと。そのような機会を持つべきだと思う。

そのときG男とM太に対して、教師は自身の内なる部分の何を語るのか。そして、二人が自ら自分の内面を語れるためには、どのような「踏み込み」「つっ込み」とアシストが担任に求められるのか。この点について、つねにシミュレーションし、備えておくことが必要である。

G男とM太が、互いに「おれと同じだったのか……」と覚知したとき、「つらいことの共有」がなされる。これこそは最強のボンドといっても過言ではない。

また、二人に培われた新たな絆《きずな》を集団全体へいかに還流し、「じつは、自分も……」「じつは、私にも……」と、学級のそれぞれが自分を語る場へとどう連動させていくか。この点は担任にとってつぎの実践課題だといえよう。それを探っていくことによって、学級が真正の「納豆型集団」へと進化していくのである。

決して容易なことではない。だが、このような実践課題を追求していく過程が「学級づくり」であり、教師の熱い仕事であるととらえるべきだろう。

子どもの内面がひらかれた学級。それが質の高い授業をも生み出す土台であることを忘れたくない。

子どもの生活と内面を映し出す「内視鏡」

無表情、そして寡黙。友だちとはしゃいでいる姿など一度も見かけない。音読するときは糸のようにか細い声……。

四年生の留美はそのような子どもだった。しかし、母親に用事があって、家に電話したところ、「ハイッ、神田です」と、弾んだ声が受話器の向こうから聴こえてきた。

「お母さん、おられますか」

こちらが、わざと取り澄まして言うと、「アッ、園田先生。ちょっとお待ちください」。軽快な返事が返ってきた。一瞬耳を疑ったものの、その声はまぎれもなく留美だった。これまで自分のなかに描いていた留美という子どものイメージは、このとき確実にリセットされてしまった。

教師が教室の中でとらえている子どもの姿。それは本人のごく一面にすぎず、場合によっては虚像といえることもあるかもしれない。毎時の授業のなかで見せる子どもの姿かたち。これも授業という特別な「一面鏡」に映し出されるその子の一面であって、決してそれが総体ではない。休み時間のインフォーマルなおしゃべりや、無心になって遊ぶ姿。くつろいだ給食時間の表情。仲間と学級文化活動に打ち込んでいるときの輝き……。

これらの一つひとつが、間違いなくその子どもの姿であるかぎり、いくつもの「鏡」から子どもをとらえなければ、より正確な子どもの実像に迫ることはできないだろう。

今日、子どもたちが多様化しているといわれているが、一人の子ども自身が多面性を有していることも忘れるわけにいかない。

「子ども理解」という教師の重要な営み。これがじつにむずかしい時代に入ったものだ。しかし、それだけにやりがいと感動がいつも付いて回っていることも確かである。

五年生の沙織は表情の乏しい子どもだった。相手と視線を合わせようとしない点が、とくに気がかりだった。頭抜けて背が高いため、こちらの視野に沙織の姿がよく入ってくる。口を開いても、いつも自信のない弱々しい声。そして、投げやりな口調……。

休み時間はというと、独りポツンと自分の席に座っていることが多かった。

一学期が始まってから数カ月の間は、そのような沙織の姿ばかりがこちらの「手鏡」に映っていた。ところが、沙織にいだいていたマイナス・イメージが一挙に払拭されたのだ。それは彼女が週に三回書いて出す「日記帳」のおかげである。

◉日記のなかでは別人が生きているようだった

〈今日の夕ごはんはマカロニグラタンとトマトと高野どうふでした。グラタンはいつもほうれん草が入っているのに、今日は入ってなかったからほっとしました。いつもわたしは食べ終わるのが最後です。お母さんは「最後の人が食器洗うねんでー」と言っているけど、わたしも「きのう、わたしが洗ったから今日はお母さん」と言うと、「最後に食べ終わるのがわるいの」と言って、けっきょくわたしが洗いました。

お父さんがいる時は品数も多いけど、今は単身ふにんしているから、なんだか手ぬきばかりしているお母さんでした。〉

日記帳のなかでは、まったく別人の沙織が生きているように感じた。それは、喜びであり、同時に大きな衝撃でもあった。

彼女にきょうだいはいない。父親は関東に単身赴任中。さびしさもあるだろう。人付き合いに不慣れな側面も否定できない。しかし、家庭でこのように朗らかに暮らす沙織の姿を知ると、表情が乏しい・投げやりな口調などというこちらの決めつけは一気に霧散してしまった。

「返しわすれたビデオ」という題名の日記を読んだときには、学校で見せる姿とのあまりのギャップに思わず吹き出してしまった。

〈先週、わたしはビデオレンタルショップで、ビデオをかりました。日曜日にかりていたので、今週の日曜に返そうと思っていたら、その日、高槻まで買い物に行っていて、わたしが「今日はもうおそいからビデオ返すの明日にしょっか」と言いました。

すると、お母さんに「じゃあ、三〇〇円とられるけど、あんた返しに行きいや」と言われました。わたしは、そんなの無しや、と思いました。月曜日もアトピーの病院があって行けなくて、火曜日は何もなかったのでお母さんが「あんた、返しに行きや。六〇〇円やで」と言ったので、わたしは「じゃあ六〇〇円」と手を出すと、お母さんが「自分のお金に決まってるやろ」と言いました。

わたしは「わたしみたいなかわいい子が悪いおじさんにゆうかいされたらどうすんの」と言うと「ふん、わかったわ。返しに行ってくるわ」と言って、ビデオショップに行ってしまいました。わたしの六〇〇円セーフ!!〉

人を見かけで判断してはいけない。子どももまた然《しか》り、と十分わかっていても、やや距離を感じる間柄にあっては、ついつい外見から勝手なイメージを、つまり偏見をいだいてしまいがちだ。沙織の場合も、もし「日記帳」という文化ボンドがなかったなら、きっと大きな誤解をしたままだったにちがいない。

この「日記帳」のおかげで、沙織との距離感もまったく感じなくなった。

子どもが綴《つづ》る日記や生活ノートなど。それは、なかなか見えにくい子どもの生活と内面が、相当くっきり映し出される「鏡」である。「内視鏡」と呼んでもよいかもしれない。

この学期に、どれだけ子どもの実像をつかむことができたか。自前の「手鏡」や「内視鏡」をいかに有効に使いこなせたか。

それらについてじっくり振り返ってみることは、子どもとともに学級をつくっていくうえで、きわめて重要な営みと思えてならない。

たかが休み時間　されど……

休み時間になると、教室で子どもと雑談を愉《たの》しむ先生。赤ペンを握りしめて、ノート点検に余念のない先生。職員室でゆっくりお茶を飲んで、つぎの授業に備える先生……。

さまざまな姿があると思う。でも、たまには、いや、できるかぎり都合をつけて、休み時間は子どもたちといっしょに、汗を流して遊ぶよう心がけたいものだ。老若男女を問わず――。

子どもは先生と遊ぶことを心から求めている、願っている。それは、授業で見るいつもの先生とはひと味もふた味もちがった表情や姿に、じかにふれることができるからだ。

ドッジボール遊びを例にとるなら、すごい形相で剛速球を投げてくる先生。子どもが投げたボールに、キャーッと悲鳴をあげる先生。変化球を投げて、子どもをアッと言わせる先生。思わずボールを受け損ない、本気で悔しがる先生……。じつに愉快ではないか。そこには素顔の、生身の先生が躍動している。

それだけではない。授業場面では見られなかった子どもの表情や意外な姿、張りのある声。それらが休み時間には吹き出す。したがって、子ども理解のための貴重な「子どもウォッチング」の機会として、休み時間の遊びは教師にも欠かすことができない。

もちろん、休み時間は来る日も来る日もドッジボールというのでは、学級の文化度が脆弱《ぜいじゃく》なクラスといわねばならない。

あるクラスでは、こんな光景が見られた。ペンを握って学級新聞を書くチーム、イモ畑の雑草取りに打ち込むチーム、学級文集発行の企画を練るチーム、二週間後にせまった「学年大なわとび大会」勝利のために作戦を立てるチーム、全員の「実力アップ」をめざして「おもしろ漢字テスト」作りに励むチームなどなど。子どもたちがチームごとに休み時間を使い、遊び心を生かして文化的生産的活動に邁進《まいしん》しているのだ。

一方、あるクラスでは休み時間になると、仲よしグループで雑談にふける子どもがいたり、自席で一人読書にひたる子どもがいたり、暇そうな表情であたりをうろつくだけの子どもがいたり……、という状態も見られる。

また、何らかのわだかまりがあるクラスでは、一人さびしそうに窓の外を眺めている子どもがいるにもかかわらず、教室の一角では女子だけでグループをつくって異常な盛り上がりを見せている。その向こうではヒソヒソ話がしきりに交わされていて、そのすぐ横ではポツンと一人冷めた表情で文庫本に目を落としている。そして男子はというと、運動場で群れをなして、ただただサッカーボールを夢中になって追いかけている。

このようにクラスによって実状はさまざまだが、子どもたちが休み時間をどのように過ごしているか、という一つの切り口から、その学級集団の質や、文化の質を垣間《かいま》見ることができる。

◉教師が子どもと勝負する瞬間

つぎのような書き出しではじまる手紙が届いた。

〈こんにちは。この前、感動したことがあるので、聞いてもらいたいと思います。〉

書き手は小学五年生。

〈私の学校では、クラス全体で三分間大なわとびをやって、とべた数を競う朝会があります。二回行うのですが、その間は二週間だけです。

その二回目の前日、休み時間に練習をしていました。(私たちの先生はすごく負けずぎらいなので)

でも、ヤル気がない人が一〇人はいたので「一組(私は二組)に敗北宣言をしよう」と、先生が言い、教室にもどってしまいました。

それでも、私たちはとびつづけ、一七一回とべました。

本番の日、みんな朝八時に集合し、作戦を立てました。朝の休み時間、教室を出る前に「一八〇回をこえるぞォー!」と言い、最後の練習をしました。

本番、一八一回という記録を出しました。先生も感動で涙でした。〉

じつに興味深い内容の手紙だ。子どもたちのようすや表情が目に浮かぶ。

決してチームワークのよい学級ではなかったようだ。大会本番の日が近づいてきても、いっこうに盛り上がらない学級。「ヤル気がない人が一〇人はいた」というのだから、かなりの数である。

たまりかねた担任は、とうとうキレて、一言発したのだろう。

「敗北宣言をしよう」

このことばを残して、運動場を去ってしまう。担任は長々とお説教を垂れ流す方法は採らず、一気に勝負に出たのだ。

担任がいなくなり、子どもだけが取り残された運動場。その光景がありありと浮かんでくる。一瞬、時間は止まったにちがいない。しかし、だれからともなく動きはじめて、準備が整うと、大なわがゆっくり回転しはじめたのだ。

子どもたちは、先ほどとは比べものにならないぐらい引き締まった表情で跳びはじめたにちがいない。だれかがつまずいても「ドンマイ。ドンマイ」という声が飛び交い、真剣な表情で練習が繰り返されたのだろう。

そして、ついに一七一回というクラス新を達成。

本番の朝の子どもたちのようすは、手紙からリアルに読み取れる。しかし、圧巻は何といっても「先生も感動で涙でした」の一文。子どもは自分たちの偉業を、先生の涙で確認したのだ。教室にもどってから、先生は子どもたちに何を語ったか。それを知ることはできないが、自分なら何を語るか。そっと考えてみたいものである。

悲喜こもごもの感動の共有。それは、学級づくりに欠かせない強力ボンドそのものだ。

たかが休み時間、されど休み時間――。

いじめ問題と「終わりの会」

小学校での「終わりの会」、中学校での「終礼」について尋ねると、ほとんどの教師が「毎日やっている」と答えてくれる。

しかし、肝心なのはその内容だ。「教師からの連絡事項がほとんど」というのでは、いただけない。子どもたちは、またしても聞き役という立場になってしまう。授業でも先生の話を聞き、一日の最後も同様に聞き役に回る。これでは、子どもはたまったものではない。

とはいっても、小学校では一斉下校などの理由から、中学校では部活動があるため、どうしても連絡事項中心の「終わりの会」「終礼」にならざるをえないのが現状である。

この現実をいかに克服するか。それは非常に重要なことだ。あらゆる知恵をしぼって、子どもが伝えたいことや、訴えたいことが発言できる機会をぜひ設けたいものである。

ある学級の「終わりの会」について紹介しよう。

「わたくしの学級では普通、日番のひとりが司会、ひとりが記録することにして、みんなの帰り仕度ができると、その日の司会者が前に出て、『これから、話合いをはじめます。きょうのくらしで、なにか問題はありませんか。』と、いうと、遊びのこと、いたずらのこと、よい行いのことなどが出ます。それをわたくしの方で聞いていて、『それについて、もう少し話し合って見よう。』と発言したり、『そのことは、もうそのぐらいでいいじゃないか。』と、適当に指導して、あまりダラダラ長くならないようにします。」

この学級では「終わりの会」は三つのコーナーで構成されている。まず、一つ目は〈みんなからみんなへ〉。ここでは遊びのことなど子ども間の問題が話し合われる。二つ目は〈みんなから先生について〉。このコーナーでは「きょう算数がわかりにくかった」「先生が上ぐつで土の上をあるいた」「大声で叱りすぎた」「先生はみんながバラバラにしていた便所下駄《げた》をそろえてくださっていました」といった内容が続出。担任がハラハラドキドキするコーナーだ。そして三つ目は〈先生からみんなへ〉。ここでは担任が子どもの話し合いの感想を述べたり、一日を振り返りながら感心した子どもの姿などを語る。

これは、私が敬愛してやまない小西健二郎の学級における「終わりの会」だ。その一部を著書『学級革命』（牧書店、一九五五年）から引用したが、これら三つのコーナーは学級づくりをするうえで、どれも欠かせないものである。

「でも、時間がかかるからムリ」と、あきらめないでほしい。初期の段階では多少時間がかかるかもしれない。どうしても時間がかかりそうなときは、小西先生の学級ではこのように対応している。

「うん、この問題は少しややこしいし、大切な問題があるように思うから、みんなこのことについて、一度、くわしく文を書いて来てくれないか。」

書くことが学級の文化になっている教室では、子どもたちは家に帰ってからよく思い出して、じっくり考え、表現する。

●「行為の後の省察」と「行為の中の省察」

「終わりの会」は回を重ねるごとに進化していく。個別に訴えたい事柄については「終わりの会」で発言するより、まず気づいたその時その場で相手にていねいに伝えることが大事だと指導すれば、子どもはそのように努める。さらに、子どもが人権感覚を磨き合っていくにつれて『ああ、こんなことは言ってはダメだ。やってはダメだ。相手を傷つけてしまう』と、行為のなかで考え、抑止力を働かせる。これが結果的に批判されるべき行為そのものの減少につながっていくのだ。

D・ショーンは、リフレクション（省察）を「行為の後の省察」と「行為の中の省察」の二つに分けてとらえている（『省察的実践とは何か―プロフェッショナルの行為と思考』鳳書房、二〇〇七年）。子どもも「子どものプロフェッショナル」へと進化していくにつれて「行為の後の省察」つまり「終わりの会」を待つことなく、「行為の中の省察」へと立派に向かいはじめるものだ。

それもこれも、まずは「終わりの会」が、三つのコーナーによって正常に機能することが大前提といえるだろう。

学校の中で日々生じる大小のトラブル。それが放置されたままであれば、明るい学級づくりも優れた学習集団形成もとうてい望めない。あきらめと不満がサイレントに増殖する教室は、いじめの温床そのものだといっても過言ではない。

「その日のことは、その日のうちに」。これが大原則だ。そのために、内面を発信する場としての「終わりの会」や「終礼」の大切さを、いま一度見直すべきだと思えてならない。仮に、そこで完璧な問題解決ができなくても、子どもが伝えたいことや、訴えたいことが発言できる機会があること。これが正義の通る「学級世論づくり」への第一歩である。当然ながら、良質な学級世論は一朝一夕にでき上がるものではない。時間はかかる。でも「時間がかかる」と考えずに「時間をかける」と思い直せばよいこと。地道に取り組みを進めていくうちに、必ずや取り組みは「実践」へと結実していく。そのプロセスこそが貴重な教育実践でもある。

もちろん「終わりの会」や「終礼」に限らず、生活ノートも、他愛《たあい》もない雑談タイムも、休み時間の遊びも子どもの内面発信の大切な機会だ（とくに、遊び時間は肉体的発散の絶好の場でもあり、教師も子どもといっしょになって汗を流す機会なのだが……)。

子どもが自分の内面を発信できる場と機会。これは、教師にとっては子ども理解のための貴重な情報ネットでもある。

しかし、より正統な子どもの発信機会は、やはり授業だろう。教師ばかりが発信や発問をしつづけて、子どもはつねに受信や即答を強いられる伝統的授業パターン。これの克服も急務といわねばならない。

この一年　どんな学級ドラマが生まれたか

明日が耐寒遠足という日のこと。終わりの会がそろそろ終盤を迎えようとしていたときだ。キンちゃん（五年生）がこんなことをつぶやいた。

「あのな……。ぼく、ぼくの足は山に弱いんや。だから、あしたの遠足は行きたくないんや」

細い脚。そして、強度の偏平足。虚弱児として生まれたキンちゃんは、採石場で働く父親の関係で、山間の荒れ地に建てられた仮設住宅から学校に通う。

キンちゃんの突然の訴えを、周囲は放置しなかった。幸枝や洋子たち女子がまず立ち上がった。

「しんどくなってきたら、後ろから押してあげるから。心配しなくても」

「先生かて、おんぶしてくれるって。私かて、手を引いたり、後ろから押してあげるから」

しばらく励ましのことばがつづいた。ところが、いちばん後ろに座っていた男子が、教室の温かい空気を一気に蹴破った。

「よくない！　キンちゃんは自分で歩くべきや。列から遅れてでも自分の力で……」

厳しく言い放ったのは健だった。つづいて、こんな意見も飛び出した。

「耐寒遠足ゆうたらなあ、字にもあるように自分で耐えて必死で歩かなあかんのや。人にたよってたらあかんわ」

けっこう頑固者のキンちゃんは、意固地になって、同じことばを繰り返した。

「ぼくの足は山に弱いんや。だから、あしたの遠足には行かないんや」

話は平行線のまま、当日の朝を迎えることになった。幸い、みんなの列の中にキンちゃんの姿もあった。でも、見るからに不安げな表情を浮かべ、肩をすくませていた。

学校をスタート。それからしばらくの間は全員の足並みがそろっていた。ところが、約一時間が過ぎ、細い坂道がつづくあたりからみんなの口数は激減。自分が歩くだけで精いっぱいの状態となった。

キンちゃんはというと、列から脱落することなく自力で歩きつづけた。それは、健たち男子四人が前になり後になりして、しきりに声をかけつづけていたからだ。

しかし、勾配の激しい山道になって、とうとうキンちゃんは力尽き、崩れ落ちるように道端に座り込んでしまった。雪解けのぬかるみが、見る見るズボンを濡《ぬ》らしていく。

そのときだ。すぐ後ろにいた健がしゃがみ込んで、自分のリュックから何やら取り出した。それは長いロープだった。ロープの両端を素早く結んで輪をつくり、その中央にキンちゃんを組み入れた。「電車ごっこ作戦」の始まりだ。乗り物には特別な興味を示すキンちゃんだった。そこを健は見逃さなかった。

五人乗りの「登山電車」はゆっくり走り出し、しだいにキンちゃんの顔にも、笑顔が浮かぶようになった。そして、仲間を追い越すときには「お先に失礼！」と、上機嫌で声を上げていた。この「登山電車」は少しずつ乗客を増やしながら、とうとうゴールまで快調に走りつづけた。

山頂で冷たい弁当を食べながら、健が一言。

「なあ、先生。キンちゃんはついに自分で登りよった」

温かいことばだった。すぐ横で、キンちゃんは大きく口を開いて、おにぎりをほおばっていた。

◉仲間と夢中になって打ち込める学級活動

これは私の小学校教員時代の忘れられないエピソードの一つである。学習面でもたいへんしんどかったキンちゃんが、このクラスの「人ボンド」として意味ある役割を果たしてくれたのだ。

耐寒遠足の前日、キンちゃんが自分の気持ちを吐き出せたのは、教室の空気がそうさせたのである。また、キンちゃんの発言に対して、すぐさま反応する仲間がそばに複数いたという事実も見過ごすことができない。

キンちゃんが「ぼくの足は山に弱いんや」と、意を決して弱音を吐いたものの、周囲が無視や無反応であれば、これほど空しいことはない。

当時、このクラスには「なるべく日刊ニュース」という子ども新聞を発行する新聞班、「ミニデカ動物園」と称してアヒルやニワトリを育てる動物班、鶏糞《けいふん》を利用して「豊緑植物園」を経営する農園班、「ジャリジャリ銀行」と銘打って学級会計を担う銀行班などなど、子どもの創意にあふれるプロジェクト・チームが存在して、生産的創造的な学級文化活動が日常的、かつ派手に展開されていた。

これらの活動が、子どもと子どもの内面を結ぶ痛快な絆《きずな》となっていたのだ。仲間と夢中になって打ち込める学級活動。それが、結果的に「文化ボンド」として機能していたのだろう。担任である私も学級新聞を発行。さらには保護者集団も「サンフラワー新聞」を発行して、学級活動は熱気にあふれた。その熱は、隣のクラスへと波及し、学年全体が大きく盛り上がった。

自分の「つらいこと・かなしいこと」。その対極のワクワクするような「おもしろいこと・たのしいこと」。この両極のはざまで、子どもは仲間と毎日の学校生活を営んでいる。つまり

「苦」と「楽」のはざまを揺れ動きながら、日々の学びをつづけているのだ。

教室は「苦（ク）」と「楽（ラ）」を「吸（ス）」い合って、仲間とともに「暮らす」ところ。だから、クラスというのだ。

年度の終わりには、この一年間、子どもたちはどのような「苦」と「楽」を「吸」い合ったのか。そこに、どのような感動の学級ドラマが生まれたのか。子どもといっしょに振り返ってみることはとても大切なことだと思えてならない。

子どもは仲間とドラマを吸い合って育ちゆく――。

自尊感情と「学びのシャッター」

「あの子、算数が苦手で。だから、計算力をつけさせて、自尊感情を高めたいと思うの」

「そうね。いいことだと思うわ」

教師のこんな会話を耳にした。が、即座に違和を感じた。

自尊感情ということばが教育現場に広がっていることは望ましいことだ。しかし、このケースでわざわざ「自尊感情」ということばを使う必要があるのだろうか。「自信を持たせたい」ということばで十分こと足りるのではないか。

いったい自尊感情って何なのだろう。「自信」とどう違うのだろうか。この点について、つぎのように考えてはどうだろう。

「自尊感情とは、単なる自信ではなく自分の存在そのものに対する揺るぎない価値感情。若者ことばで表現するなら『イケてる感情』にあたるもの」

したがって、自尊感情と自信の両者は、山登りに例えるなら、自信は「自尊感情山」という名峰に登るための杖《つえ》のようなものだ。

『心理学辞典』（有斐閣、一九九九年）では自尊感情をつぎのように説明している。「自己に対する評価感情で、自分自身を基本的に価値あるものとする感情」

子どもが「計算力をつけたこと」イコール「自尊感情山」に登頂ということではないのだ。杖を一〇〇本持っているだけでは、山に登れたというわけではないのである。この山登りはそんなに容易なものではない。

では、子どもが「自尊感情山」登頂を達成するにはどうすればよいのだろう。

自尊感情が低い日本の子どもたち。それは多くの調査が明らかにしているところだ。つまり『イケてる感情』の反対語である『オワッてる感情』をいだいている子どもたちが増えつづけているということである。この現実を看過するわけにはいかない。

『オワッてる感情』。これは「どうせ自分なんか……」「しょせん私なんて……」「どうなってもいいし……」など、子どもたちがしばしば口にする否定的な気分の集積によって編み出される感情である。これは自尊感情の対極にある「自己差別感情」ということもできる。

このような自己差別感情を常時いだいている子どもは、いわば学びのシャッターを閉め切った店舗さながらの状況といえる。そのような状況の子どもに向かって「もっとまじめに勉強しろよ！」「なぜ宿題をやってこないの！」「どうしてすぐ暴力をふるうのだ！」「もっと相手の気持ちを考えたらどうなの！」などなど、こちらがいくら要求的メッセージを発しても、残念ながらそれは相手の内面に届かない。降ろされたシャッターにさえぎられて、空しくはね返るだけである。

◉周囲は具体的に何をなすべきか

では、このような状況を打開するにはどうすればよいのだろう。それは、子ども自身が学びのシャッターを内側からわずかでも開けようとすること。これなしにはまったく事が進まない。そのために必要なことは明明白白だ。子どもが自己差別感情をいかにフェード・アウトするか。すなわち、子どもが「自尊感情山」登頂に自ら踏み出すために、周囲は具体的に何をなすべきか。また、なすべきでないか、ということに尽きる。

この点について大きな手がかりを与えてくれる詩を紹介したいと思う。

「それでも　わたし」と題したこの詩は、先日、徳島の柴田先生から送られてきたものだ。読んで、身が震えた。

小学二年生（当時）の子どもが書いたものだが、彼女をここまで豊かに育んだものはいったい何なのか。じっくり読み解きたいものである。

わたしは　生まれたとき

６００グラムだったという
でも　今は　大きくなれた

わたしは　目がよく見えないけれど
何でもできる　字も書ける

わたしは　指が足りないけれど
この手でちゃんと　折り紙できる

わたしは　リコーダーつかえないけれど
大きな声で　歌ならうたえる

わたしは　体育にがてだけれど
国語は自分で　得意と思う

わたしは　姉妹はいないけれど

いとこの姉ちゃんが　いてくれる
わたしは　友だち少ないけれど
何でも話せる　仲間がいる

わたしは　母さんいないけれど
いつもばあばが　守ってくれる

わたしは　生んでくれた母さんに
「ありがとう」と　言える
わたしは　母さんが生まれてくれて
「ありがとう」と　言える
わたしは　ばあばを
母さんとよぶ

それでも
わたしは　わたし
わたしは
わたしが　大好き

（徳島県小学校人権教育資料『ひかり』二年生版より）

第Ⅲ章

教師——このすばらしき仕事

和美ちゃんの「七夕かざり」

教育実習に行っている学生から、夜、電話が入った。

七夕《たなばた》にちなんで、子どもたちから願いごとを聞き取り、それを短冊に書くという。その計画を早ばやと立てているらしい。

声が弾んでいた。体は疲れるものの、子どもと接する毎日が楽しくてならない、と彼女は電話の向こうで話した。

「やっぱり現場はいいでしょう」

私はうらやましそうに水を向けた。

「はい、毎日がたっぷり充実しています」

当初、彼女は教職に就くかどうか迷っていたが、どうやら、その迷いは吹っ切れたようだ。

「実習が終わったら、研究室にいっぱいお話しに行きます。また聞いてくださいね」

そう言って彼女は電話を切った。

むしろ、現場の話をたっぷり聞きたいのは、こちらのほうだ。学生が教育実習で得たみずみずしい感動をふんだんに聞かせてもらい、それをまた、ほかの学生たちに「翻訳」して伝える。すると、学生は表情もいきいきして、自らのモチベーションを高めていくのである。その表情を目の当たりにして、また、こちらがたっぷり元気をもらう。

これは「元気力のリサイクル」と呼ぶべきものかもしれない。

電話をかけてきた実習生にも伝えたが、そうだ、ぜひほかの学生にも「和美ちゃんのこと」を話すことにしよう。電話を切ったあと、ひそかにそう思った。

「和美ちゃんのこと」――。それは、七夕が近づくたびに想い出す。

山里の小さな小学校で一年生を担任していたときだった。

七夕の日を前にして、子どもたちに願いごとを書いてもらった。

〈サッカーせんしゅになれますように〉

〈べんきょうがすきになりますように〉

〈じがじょうずになりますように〉

〈すききらいがなくなりますように〉

〈大きくなったらケーキやさんになりたいです〉

子どもたちはそれぞれに、屈託のない願いごとを短冊いっぱいに書いた。そのなかに、つぎのようなことを書く子どもがいた。

〈はやくおおきくなって　きれいなおよめさんになりたいな〉

和美だった。和美は入学してわずか一カ月あまりで、最愛の母親を亡くした。その悲しみと重ね合わせて「願いごと」を読むと、和美がほかのだれよりも数歩先へと生き急いでいるように思え、切なさが感じられてならなかった。

和美は入学式の日、背の高い父親に手を引かれて学校にやってきた。そのときすでに、母親は京都の病院に入院中。余命数カ月と宣告されている身だった。

四人きょうだいの末っ子の和美は、まだまだ甘えたい盛りの一年生。でも、それはほとんど許されず、つねに全身に緊張を強いられていた。

「母の日」。和美にとって、これが最後の「母の日」となるかもしれない状態だった。和美は配られた画用紙いっぱいに、美しく着飾った母親の姿を描いた。イヤリングにネックレス、そして赤い口紅。これらは和美のなかに大きく存在している元気だったころの母親を象徴するものだろう。しかし、その口元に、黒色のクレパスで線をためらうことなく何本も引いた。

「だって、わたしのお母さんの口、こうなっててんねん」

母親の吐血のあとを鮮明に描く和美だった。それからしばらくして、母親は逝った。

忌が明けて学校にやってきた和美は、教室のみんなに母親の戒名を教えてくれた。かな文字にして一七字にもなる長いそれを、和美は何度も何度も流暢《りゅうちょう》に唱えてみせた。

七夕の短冊が校庭に揺れるころ、和美は水泳に夢中だった。一人で水の中にもぐっては、全身を思いっきりくねらせる動き。それは、脱皮を図ろうとする幼いいのちの躍動にさえ思えた。幸いにも家族の愛情につつまれて、和美は日に日に元気を取り戻していった。
そして三学期になると、和美はつぎのような文章を書いた。

おとうさん

きのう　たんすのよこから　おかあさんがのこしたおにんぎょうが見つかりました
わたしがだいじに　けをといてあげたり　ふくをきせてあげたら　おとうさんがなきました
ものすごくなきました
おふろでもなきました
わたしが「おとうさん　ないたら　なき虫になるで」といったら
おとうさんが「ごめんな」と　なきながらいいました
わたしは「うん」といいました
「おかあさん　いまごろなにしてるかな　おかあさん　てんごくにいってるかな　おかあさん　まもってくれてるかな」て　わたしがいったら

「もう　おかあさんのこと　いわんといて」といいました
わたしは「はい」といいました
おとうさんは　ないていました
わたしも　ないていました
「きょうは　おかあさんがビールをのんでもいいとゆった」と　おとうさんがいったから
わたしは　おとうさんになん本もビールをのませました

小柄な和美が、一八〇センチメートル近い長身の父親と肩を並べ、精いっぱい生きている姿がひりひりと伝わってきた。

子どもはおとなから一方的に庇護《ひご》されるべき「未熟なヒナドリ」ではない。そのことを、けなげに生きる和美の姿が教えてくれる。

ある著名人の「自制心」

ここに、中学一年生が書いた文章がある。題名は「初心忘れるべからず」。

こんな書き出しで始まる。

「ぼくは附中に合格したとき、学習とスポーツと、ともにがんばり、毎日を有意義にすごそうと決心しました。

四—五月、ぼくはその決心を固く守りました。クラブにはできるかぎり参加し、毎日予習復習をかかさずにやりました。」

じつにありきたりの書き出しであるが、実直さがにじみ出た文章でもある。

大学のある講義のなかで、その全文を紹介し、学生たちに二つ問うてみた。まず一つ目は、これはいったいだれの中学時代の文章だと思うか。

三択問題で予想してもらった。

①漫才コンビ・ロザンの宇治原《うじはら》さん　②大阪教育大学長尾《ながお》学長（当時）　③山中伸弥《やまなかしんや》京都大学教授

約八〇名近い受講生の意見は、みごと三つに分かれたが、やや多かったのが③だった。

二つ目に問うたのは、この文章を高学年の道徳の時間に資料として使うなら、どの内容項目に即して扱いたいか、というもの。これも、さまざまな意見が出た。

「生活習慣の大切さを知り、自分の生活を見直し、節度を守り節制に心掛ける」「より高い目標を立て、希望と勇気をもってくじけないで努力する」「自由を大切にし、自律的で責任のある行動をする」「真理を大切にし、進んで新しいものを求め、工夫して生活をよりよくする」「自分の特徴を知って、悪い所を改めよい所を積極的に伸ばす」など。

当然ながら「主として自分自身に関すること」がほとんどだったが、同じ資料でも、学生によって視点の当て方がそれぞれ異なるところが興味深い。

じつは、この文章を書いたのは二〇一二年度ノーベル医学・生理学賞を受賞した山中伸弥さんである。

たまたま私の研究室（当時）の斜め向かいに、山中クンを中学一年時に担任した大仲政憲《おおなかまさのり》教授の研究室があり、当時の文集（大阪教育大学教育学部附属天王寺中学校二九期生『わが中一時代』一九七六年）のコピーを手にすることができたのだ。

四〇〇字詰め原稿用紙にして約二枚半の短いものだ。が、その文中に「決心」ということばが計七回も出てくる。

中学生になったときは「学習とスポーツと、ともにがんばり、毎日を有意義にすごそう」と決心したものの、その初心がほとんど貫けないでいる自分。そのような自分を省察する姿が綴《つづ》られていくのだが、ある日「決心が再び生き返ってくるとき」がやってきた。それは数学の先生が語った一言がきっかけだった。

「中間テストでトップだった子は、三十日前から準備をしていた」

これを聞いた山中クンはつぎのように感じたという。

「ぼくはこの短いことばでハッとしました。同じ附中でもがんばっている人もいるのにぼくはなんだ、と」

教師が全員に向かって言ったことばにもかかわらず、「ハッとしました」と書く山中クンの感受性は立派というほかない。

だが、本人が「やらなければ……」という思いにかられている、まさにそのとき、刺激的な事実が先生の口から語られたわけであり、そのタイミングも絶妙だったといえる。

「ハッとしました」ということばが、短い文章のなかに、もう一度出てくる。

「宿題以外は勉強をしない日もありました。そして定期テストの前だけは死ぬ思いでがんばって、まあまあの成績をあげていたのです。

しかし、ぼくにもこれではいけないと思うときがきたのです。ある日、一学期の範囲の問題を解いていてぼくは、ハッとしました。全然解けないのです。今まで学んだことは身についていなかったのです。」

今回は、教師のことばを聴いてハッとしたのではなく、自分が問題を解いている最中に自ら気づいたのである。

だが、共通していえることは、一度目は数学の先生の話を聴いている最中であり、二度目は自分で一学期の問題を解いている最中に気づいたという点である。それらは事のあとで振り返りをおこなう「事後の省察」ではなく「事中の省察」つまり「行為の中の省察」ということである。これは、まさしくD・ショーンがいうところの「プロフェッショナルの行為と思考」といえるだろう。

かくして山中クンは「冬休みには今までの総復習をやろうと決心」するのだが、またもや「むりな計画と遊びの誘惑とで冬休みもだらけたもの」になってしまったと、正直に告白している。

このように「決心をしてはそれを破る」自分を、彼はつぎのように結論づけている。

「こんなことをくりかえしたのはぼくの自制心が弱かったからでしょう。でもこれではいけないのです。」

自分の姿勢を自制心ということばを用いて冷静に見つめ直し、表題のとおり「初心忘れるべからず」と、あらためて決心をするわけである。

誠実に省察を繰り返しながら、止まることなく堅実に前へと進んでいく山中クンのぶれない姿が目に浮かぶ。

そのような彼について、担任だった大仲教授は私にこう話してくれた。

「ごくふつうのまじめな生徒でした。しかし、柔軟なまじめさの持ち主で、ガツガツと勉強のみするタイプではなかった。大学受験を間近に控えた一月下旬でも、中・高合同の早朝耐寒訓練には必ず参加していました」

「友だちとの諍《いさか》いなどまったくなく、人付き合いはほんとうによい生徒。いまでも年に数回、有志で飲み会を開いても必ず出席します」

画面で見るとおり、好人物のようだ。

葵ちゃんの「一生の宝もの」

講義を終えると、数名の学生が教室の前にやってきた。

そのうちの一人が、笑顔で言った。

「きょうの葵さんの話、感動しました。発信するって、ほんとうにいいことですね」

「はい。ゼッタイおもしろいよ。教師になってから、子どもといっしょになって発信するのもいいけれど、いま自分でやってみるのも楽しいヨー」

学生にたきつけた。自分がお気に入りの作家に手紙を出すというのもよし。講演を聞いて感銘を受けたなら、その人に発信するのもよし。さらには、直接自宅に押しかけるということも、若者の特権だ、と自分のかつての逸脱行動を例にあげて学生に説いた。

すると「わたしは中学生のとき、大使館に手紙を出したことがあります」という学生もいた。

「それで、何か送ってもらったの?」

たずねると、学生は答えた。

「資料を、これくらいたくさん送ってもらいました」

「それはすごい。でも『資料など送ってください』と、などを一言付け加えていたら、また違ったかもしれないね。その国の特産品も送られてきたかも……」

講義のなかで話した内容を繰り返すと、学生たちは笑いながらうなずいた。

かつて五年生を担任していたとき、社会科の時間に、子どものある問いからおもしろいことへと発展した。きょうはそれを事例として示しながら、一コマの講義を組み立てたのである。

水産業について学習をしていたときのこと。一つのグループが遠洋漁業について、調べてきた内容を発表。大きなポスター三枚を黒板に貼《は》り付け、手際よく説明をはじめた。

遠洋漁業について、まったく経験のない子どもと教師が、資料だけを頼りに教室内で学ぶ。そのようなことは、他の単元においてもよくあることだが、この日も、ある種の物足りなさが感じられた。

ところが、発表のあと、一人の子どもがこんなことを言いはじめたのだ。

「マグロはえ縄漁業の説明で『幹縄の長さは一五〇キロメートル』という発表だったけれど、それはおかしいと思う。そんなに長かったら、糸がもつれてしまうに決まっている」

魚釣りを趣味とする龍太が、発表者に向かって意見を述べたのだ。経験豊かな龍太の指摘に、教室の空気は張り詰めた。

いわれてみればたしかに、一五〇キロメートルという長さはあまりにも長すぎるように思えた。

地図帳を広げて、学校のある高槻《たかつき》市からコンパスで一五〇キロメートル測ると、東は愛知県名古屋市、西は岡山市、南は和歌山県串本《くしもと》市を超えることが判明。龍太の指摘はいよいよ真実味を帯びてきた。

子どもたちはさまざまな意見を交わした末、直接、関係者から情報を得ようという結論に達した。

全国の主だった漁協に各自が手紙を書いて、自分たちの疑問に答えてもらおうというわけだ。北は北海道の稚内《わっかない》漁協から、南は沖縄県糸満《いとまん》漁協まで。全国三三の漁協にさっそく発信作業が開始された。

「質問のあとに『資料を送ってください』って書こう」

「いや、そう書いたら資料しか送ってもらえないと思うので『資料など』と書いたほうがいい」

子どもたちの知恵を封筒に詰め込んで、いよいよ全国発信となった。

驚いたことに、その一週間後、鹿児島県枕崎《まくらざき》漁協からていねいな返事と資料が届いた。それをかわきりに、約三カ月にわたって全国から大型封筒がつぎつぎに送られてきたのである。

朝の教室は、最高に盛り上がった。

「きょうのラッキーガールは……、田中葵ちゃん！」

葵ちゃんには焼津《やいづ》漁協からの返信だったが、封筒の中から何やらカシャカシャと金属音が伝わってきた。

「キーホルダーとちがうか？」

葵ちゃんはていねいにハサミを入れた。すると、ほんもののマグロ釣針とカツオ釣針が二つ出てきた。太くて大きくて、迫力に満ちた針だった。

「わたし、これ一生の宝ものにしよう！」

葵ちゃんは興奮して、そう叫んだ。

同封されていた資料には「マグロはえ縄の幹縄の長さは一五〇キロメートル〜一八〇キロメートルにも及ぶ」と記されていたのだった。

このような学習がおこなわれた、と学生たちに講義するだけではなく、子どもたちが発信によって実際に手に入れた「資料など」の現物を、その場に持ち込んだのである。

「これが田中葵ちゃんに送られてきた釣針です」

そういって目の前にかざすと、どよめきが起こり、学生の表情はいっそう輝いた。が、そこで一言付け加えた。

「この釣針は、葵ちゃんの結婚式まで預かっておくからね。結婚式の日にプレゼントするから、と約束していました……。ところが、その葵ちゃんは三年前、病に倒れ、帰らぬ人となってしまいました。

プレゼントする、というぼくのことばに葵ちゃんは『センセ、ちがうでしょ。これは私がもらったものなんだから……』と、にこにこしながら反論していたのに……」

葵ちゃんから預かったこの釣針は、とうとう本人に返せなくなってしまった。悪いことをしてしまったと思っているが、いまでは大切な遺品として、ずっと預かっておこうと思っている。そして、各地の講演先に持ち歩いて、葵ちゃんの名前とともに、この実践を紹介している、と学生に話した。

ふしぎなことに、二つの釣針の輝きは、いまもいっこうに衰えていない。

『子どもへの恋文』をいつも机の上に

かつて国政選挙の折、某政党の党首がこんなことを言っていた。

「この候補者が当選するかどうか。私はその顔を見ればだいたいわかる」

詳しいことはこれ以上報じられなかったが、票が集まりそうな顔と、そうでない顔というものが、長年の経験と勘からわかるというのだ。

そのニュースがいまだに頭から離れない。理由ははっきりしている。

「この人が教師として務まるかどうか。私はその顔を見ればだいたいわかる」

このように言い替えることができるのではないか、という思いがときどき頭をもたげるからだ。

見た目ですべてを判断することに、何の正しい根拠もない。むしろ罪深さがある。だが、長年の経験と勘でだいたいそのようにいえそうに思えるのである。

講義室に集う学生の顔を、ついついこの尺度でながめてしまうクセがついて困る場合もある。

ああ、いけない、いけない。経験と勘が、予断と偏見になってはとんでもないことだ。しばしば自分をそう戒めている。

もちろん、ここでいう「顔」とは、世間でいうところの器量のよしあしなどではない。顔の表情である。

強いていうなら「子どもが引きつけられてしまう磁場性のある顔」だ。煎じ詰めれば「ナチュラルな笑顔」といえよう。しかし、そのような顔を生まれながら持ち合わせている人はそう多くない。ましてや、このご時勢、けわしい顔つきにならざるをえない人も多いはずだ。

経験知というものは一定程度認めるとしても、もう一つの「勘」など、まったく主観的すぎて何ら信用できない、という人も少なくないだろう。どちらかといえば、自分もその一人だ。

いや、その一人だった。

が、あるとき、職人さんかだれだったかがテレビで言っていた。

「勘というものを軽く見てはいけない。勘という字は、甚だしい力と書くでしょう」

その話が耳に飛び込んできたのだ。妙に納得。

勘って、じつは信用に値するものかもしれない……、という想いが急激に沸騰した。

ただし、甚だしい力というかぎり、それは凡庸ではなく、その道に甚だしく心血を注ぎ、ひたすら専念した人にのみ天からもたらされるものなのではないか。

自分など、まだまだ天からの授かりなんて、順番待ちでいえば長蛇の列のさらに後ろのほうだろう。

そんなことを考えながら、つぎに思い浮かんだことは、このようなことだ。

かくいう自分は、いったい、教師を志望していた若かりしころ、どんな顔つきをして毎日生きていたのか。子どもが引きつけられる磁場性をいかほどに持っていたというのか。

いま自分が持つ経験と勘による尺度で、そのころの自分の顔を判定するなら、さて、どんな結果がでるだろう。

判定結果は、間違いなく「不合格」だ。

哲学半かじり状態で、既存社会というものに斜に構えていた自分は、顔つきも子どもが引きつけられるどころか、引きつけを起こしてしまいそうな無愛想さを漂わせていたと思う。

教育実習先の小学校で、六年担任のある女性教師は「あなたの笑顔はすばらしい」と、しきりに友人をほめちぎったが、私にはまったく関心を示さなかった。そんなことまで、いまほんのり思い起こされる。

だが、人間はだれしも生きることを通じて進化するものだ。

小学校教師をウン十一年間勤め上げた自分は、その間、子どもから満面の笑み、思わず引きつけられる表情、爽快な笑顔、あどけない表情、無心な顔つきというものを、数え切れないほどもらい受けることができた。そのおかげで、すっかり内部改造までしてもらったような気がする。

かつて灰谷健次郎《はいたにけんじろう》さんは「人は学ぶことを通じて、死ぬまで変わることができる」と語ったものだが、私は出会った子どもたちのさまざまな表情の向こう側にあるものからふんだんに学ぶことによって、少したりとも変わることのできた人間の一人だと自認している。

だが、子どものすばらしさというものと、自分自身をつなぐ触媒のような役割を果たしてくれた人物が存在したのも、じつに幸せなことだった。その人物の一人が灰谷健次郎さんである。『子どもへの恋文』（角川文庫、二〇〇八年）という灰谷さんのエッセイ集が、いま手元にある。書店で見つけて、いまの時期になぜ、と少し驚いたもののすぐさま購入した。生前には、ご本人が必ず新刊本は書籍小包で届けてくださったが、黄泉《よみ》の国に郵便会社はないらしい。

その文庫本をつねに机上に置いて、現場感覚といわれるものや子どもに対する感覚が弱くなってきたゾ、という自覚症状に襲われたとき、気ままにページを繰りながら、それらの即時回復に努めているところである。

詳しく述べるスペースはなくなってしまったが、この文庫本を読み直していると、いまの学校教育の忘れ物がいくつも浮かび上がってきてならない。

子どももまた、足元の美しい景色を見ることをすっかり忘れて、行き先不明の乗り物にあわただしく乗せられている。

子どもなるものの原型、教師の仕事の原型を忘れそうになったとき、立ちもどって、教育という仕事の希望と元気を回復できる源が、ここにはある。

「この人は教師になったらかなり苦労するだろうな」などと、エセ占い師めいたことはもうよそう。それよりも、自分が灰谷さんから恩恵をこうむった幾多のお返しを、若き学生たちにしなくては。

「ソノダさん、そんなにきばらんでも……、ハハハ」

肩の力を抜いた灰谷さんの声が、頭のずっと向こうから聴こえてきそうだ。

総合学習を軽く見てはいけない

手にズシンとくる封書が届いた。

ユノとその母親からだった。五年生、六年生の二年間を担任したユノが、もう高校三年生になるらしい。

彼女は、小学校教員を退職する三年前に受け持った子どもだ。最終年には一年生の担任をしたため、ユノたちが最後の卒業生ということになる。

〈本当に何から申し上げればよいか、分らなくなるほど御無沙汰してしまい申し訳ありません。〉

母親は、こんな書き出しで、娘の近況を便せん一三枚に綴《つづ》っている。

この母親は、担任していた当時も、家庭での子どものようすや参観日の感想などを鋭く点描して届けてくれた。そのころとまったく変わらない整った文字がなつかしく思えた。

〈娘の通う高校では総合学習の枠を使って、一年生で将来就きたい職業について考え、そのためにはどのような進路があるかを調べます。さらに、二年生で大学等とその学部に絞り込み、実際にオープンキャンパスに出かけて確認。それをレポートするという流れのなかで志望校を決定していく〝調べ学習〟を行なっています。

この作業を進める中で、一年生の担任にも二年生の担任にも「ユノさんは、ほんまに調べ学習が好きやなあ！」と言われ、本人もそれを認めています。

研修旅行のガイドブック作成に当たっても「ここは一発決めドコロ！」と、韓国語版とっさの一言をせっせと調べていたようです。（韓国に行ってます。石焼ビビンバ、海鮮鍋等など楽しむらしいです。）

本人も、周囲から「調べ学習好きやなあ」と言われ、悪い気がしないのか「これは、園センのお陰や」と申しておりますし、さらに、女子バレーのオリンピック選手によるバレーボール教室に参加の折、彼女らが実技を行いながら話すのを聞き取り、メモを取ることがあり、周囲の人たちがあまりにメモが取れてないことを知りました。

「これってインタビューの時にメモを取る習慣をつけてもらったお陰！」「いっつも新聞書くのにメモ取ってたよねえ」と申していました。

暇を見つけては書き上げた学級新聞五十号は、今も大きな自信となっています。文字を書くことが苦ではない（文章と言わないところがミソ？）のだそうです。〉

当時も、そうだった。ユノはみんなの前に出て、口八丁手八丁で派手に活躍するタイプではなく、一人になっても粘り強く仕事を完結させる女の子だった。

十分なプレゼンテーション力を持ち合わせていたが、周囲のようすを機敏に察知して、決して出しゃばりすぎないタイプといったほうがよいかもしれない。

学級新聞づくりが性に合ったらしくて、毎学期、新聞班に所属し、いつも机にかじりついてペンを走らせていた。彼女のお陰で、新聞そのものが学級活動を推進する原動力となり、淀《よど》みのない快活な教室となったのだ。

ユノが五年生のとき、総合学習では「お米博士になろう」というテーマを掲げた。学校近くに、子どもたち自ら教室四つ分ほどの田んぼを借り上げてモチ米を育てた。そして、六年生ではヒロシマ修学旅行をきっかけに「平和博士になろう」というテーマを設定し、戦争と平和について地域の課題を徹底研究したのである。

今回届いた手紙のなかで、ユノ自身こんなことを書いている。

〈早速ですが、「いったい、あの五年生六年生の二年間は自分にとってどのようなものだったのか」ということについて書きたいと思います。上手くまとまってはいませんが……。

一言で言ってしまえば、今後、社会に出た時につながることを学べた二年間だと思われます。総合学習の調べ学習は現在に影響しています。これからの進路について考える時、大学調べをしました。まず、あちこちから色々な資料を集めてきて、それを隅から隅まで目を通さなければばならない結構面倒臭いことなのに、自分の将来のことだということもあるけれど、何より五年生六年生での総合学習で鍛えられたお陰で、なんとか調べ上げることができ、文章にしてまとめるということが好きになりました。〉

まとめたそれを同封してきたわけではない。だが、彼女のことだから克明に調べ上げ、みごとに情報の整理をおこなった末、未来への希望を自ら大きく育んでいることだろう。

ユノの几帳面《きちょうめん》な整理能力は母親譲りという点は否めない。彼女の母親は管理栄養士の資格を持つ人だが、あるとき、驚かされたことがある。学校で毎月配る給食献立表を、ユノの入学時から一枚も欠かさずファイルしているというのだ。家庭訪問の際に見せてもらうことができたが、思わず頭が下がった。

〈総合学習が学力低下に結びつけられているような昨今の報道に「短絡なオツムやね……」と嫌気がさしています。〉

母親は手紙の半ばで、このように辛らつに書いているが、そのようなオツムに心当たりのある方は猛省してもらいたいものだ。加えて「次世代型学力」の内実を端的に指し示すつぎの文章も心して熟読すべきであろう。

「生徒たちは未来の課題に立ち向かう準備が充分にできているだろうか。彼(女)らは自分たちの考えを有効に分析し、推論し、それをコミュニケーションすることができるだろうか。

彼（女）らは生涯にわたって学びつづける力を身に養っているだろうか。これらは親たち、生徒たち、公衆、そして教育システムを運用する人びとが求める問いである。」（ＰＩＳＡ「生徒の学習到達度調査」報告書より）

ちょっとした工夫で世界は開ける

四歳ぐらいだろうか。一人の男の子が母親に連れられて医院の待合室にやってきた。背中に大きなリュックサックを背負っている。

「自分のニモツは、自分でもたなくっちゃ」

保育所で教えられているのだろうか。その子は空いている席に座るとき、ニコニコしながら、そんなことをひょうきんに口走った。

母親はまったく気にも留めず、窓口に診察券を出すと、子どものいるところへと近づいてきた。

あゝ、また公衆の場で、子どもが大きな声でおしゃべりをし、若い母親は素知らぬ顔をして週刊誌でも開くのだろうか……。

そんなことを想像していると、母親は子どもに小声でたずねた。

「どの本にする?」

すると、子どもも小声で「きかんしゃ」と答えた。

母親は手提げの中から注文された「きかんしゃ」の絵本を素早く取り出すと、子どもの耳元に顔を寄せ、周囲の迷惑にならぬよう気を配りながら読みはじめた。

すぐ横に座っていた私は、かすかに聞こえてくる母親の滑らかな読み方に感心しながら、しばらく耳をそばだてた。子どものようすをうかがうと、まばたき一つせず、食い入るように絵本を見つめていた。

母親の声を耳で聞きながら、目は絵本の世界に集中。その表情はカメラに収めたいほど、りりしく美しいものだった。

子どもの頭のなかでは、絵本の世界が立体的な動画として、豊かに描き出されているのが透けて見えるように感じられた。

やがて「おしまい」という母親の声がすると、子どもは案の定「もっと……」と、おねだりをした。すると、母親は不快な顔もせずに、二冊目の絵本を手提げから取り出し、同じように小声で読みはじめた。

「どうしてなの……」

「なんでなの?」

二冊目になると、子どもは絵本の内容について、しきりに疑問を投げかけた。

「それはね。きかんしゃが、もう、おじいさんになったので、むかしのようにははたらけないからよ……」

母親は面倒そうな表情を浮かべることもなく、子どもの疑問にごく自然に答えていた。

そのあと、私は診察室に入ってしまったため、どのような展開があったのかわからない。外見上は、どこでもよく見かける、いたって普通の母子である。だが、とても好感の持てる親子であった。

公衆の場でのマナーは完璧。それに加えて、母親と子どもの関係性がすばらしかった。

「静かに。静かにしなさい！」「コレッ、じっとしてなさい！」「ちゃんと座りなさい！」……。

そのような指示的な無駄口は皆無。幼子と若い母親の呼吸がぴったり合っているさまに驚いてしまった。

このようにして幼児のころから、絵本の世界を味わえる子どもは幸せである。親のちょっとした工夫で、その世界は開けるものなのだ。

しかも、絵本を介しての親子の会話には大きな意味がある。日々の生活ではついついことばが短絡化され、限定的な表現ばかりが口をついて出てしまいがちだ。

「はやく」「さっさと」「もおーっ」「はいっ」「ちょっとー」「だめっ」……。

つまり「めし」「ふろ」「ねる」に代表されるような限定語であっても、おおよそ身内では通じるため、言語生活全体がその傾向になってしまう家庭も少なくない。ましてや生活に追われる家庭は、ますますその傾向に走らざるをえないだろう。ところが、学校文化というものは、その反対の言語文化で成り立っているわけだ。

一年生の算数の文章題一つとってみても「あかい花が三つさいていました。きいろい花が五つさいていました。花はぜんぶでいくつでしょう」と、きわめて精密な表現でつくされている。

これはイギリスの社会学者B・バーンステインが「言語コード論」として明らかにしたことがらであるが、四月に同時に入学した子どもであっても、スタート以前にそれぞれの家庭での言語生活の習慣が異なり、それが大きな格差を生む要素の一つになっているという事実。これは看過できないことである。

いうまでもなく家庭生活において、学校文化に近い精密な表現が習慣化されている子どもはたいへん有利である。

だからといって、各家庭では諸事情があって現在の言語生活が維持されているわけであり、急に改善を求めることは容易ではない。また、学校文化全体を「あかが三。きいろ五。ホイッ、ぜんぶで?」式に、現行の精密度をことごとく破壊してしまうわけにもいかないだろう。

となれば、精密な言語文化のかたまりである「本の世界」の力を借りること。これに依存しないという手はないのである。

医院で出会った親子の場合も、家庭での言語生活のようすは知るすべもないが、少なくとも、あの待合室での時間帯には、まぎれもなく精密な表現が母親の口から発しつづけられていたのである。

もう一つ有効なものがある。それは「書くこと」によって培われる精密な言語力だ。

〈先生、きのうは帰ったらすぐ山へ行って夕方まで炭出しをしました。夜、宿題をしようと思いましたが、半分やったままねてしまいました。かんにんしてください。〉

（小西健二郎『学級革命』より）

このように精密な表現を重視する教育活動が、日本では戦前から実践されてきたのである。これは大きな文化的財産といえる。忙しいからといって「読むこと」「書くこと」を教室でもおろそかにすると、痛いしっぺ返しを必ず食らうだろう。

虹を見たことのない大学生

エッと、思わず声を上げてしまった。

幼稚園教員の採用試験担当者から聞いた話である。面接試験に現れた学生の驚くべき実態が明かされた。

「これまで、実際に虹を見たことがない」という学生がいるというのだ。

面接官は「幼稚園の空に虹を見つけたとき、あなたは子どもにどう伝えますか」と聞いたそうだ。すると、まさに意表をつく答えが返ってきたのである。

その学生は、きっと絵本やスクリーンでなら虹を見て知っているのだろう。だが、ほんものを見たことがないため、真正直にそう答えたのか……。

でも、いくら正直な返答だからといっても、その回答内容まで高く評価するわけにはいかないだろう。ほんものの虹と絵本のそれとでは、大きく異なる。

雨上がりの空に虹を見つけたときは、思わず見とれてしまう。そして、近くのだれかに知らせたくなるものだ。ほんものの虹の美しさを知らず、それを見つけたワクワク感の経験もないという学生は、気の毒というほかない。

だが、「あなたはほんものを見てみたい、という気持ちになったことはないのか」と、さらに追及したくもなる話だ。

これは「経験不足」の問題というより、本人が好奇心に大きく欠ける人物だ、と私が面接官なら判定するだろう。

また、「芝生の上で寝転がったことは、一回もありません」という受験者もいたそうだ。これもさびしい話ではないか。

青空の下、芝生の上に寝転がると、芝のむせ返るにおい。そして、大地の温《ぬく》もりを感じさせるような地熱がじかに伝わってくる。その場で身体は自然に大の字となり、思わず深呼吸したくなるものだ。陽の光がまばゆすぎて、まぶたに赤い色を感じながら、強く眼を閉じるときもあるだろう。こうした自然な反応を無意識のうちにおこないながら、人の気持ちは大きく癒やされていく。

芝生体験は、ぜひ子どもたちと味わってみたいことだけに、面接官はあえて問うたのかもしれない。

さらに、「よつ葉のクローバーを見たことがない。取ったこともない」という受験生もいたという。

クローバーの群生した草むらで、時間のたつのも忘れ、無心になってよつ葉探しに興じる……。そのうち、だれかが「見つけた！」と叫び声をあげるや、周囲は余計に夢中になって葉をかき分ける。そんなエキサイティングなひとときを仲間と共有。そしてやっと見つけると、それは宝ものとして大事に家へ持ち帰り、辞書にはさんで押し葉づくりを楽しむのだ。

このような宝探し経験のまったくない学生も、人生に大きな損をしているように思えてならない。

ほかに、「雑巾が絞れない人」も少なくないという。雑巾が手渡されると、まるで両手でマッサージをするようなかっこうで、雑巾を「絞る」人がいるそうだ。

「つくしを見たことがない」という受験生もいたようだ。漢字では「土筆」とためらわずに書く力を持っているものの、実際に見たことも採ったこともない、という学生がいるのである。つくしのハカマを根気よく取り除き、フライパンで炒《いた》めて食する。そのような経験は、なおさらしていないだろう。

このような人たちが、幼稚園の先生になろうとしているのだ。これは決して「ヘーッ」では済まされない問題である。

小学校の教員志望者のなかにも、きっとそのような若者は少なくないだろう。

かつて、「りんごの皮がむけない子ども」「えんぴつを肥後守《ひごのかみ》で削れない子ども」「木登りができない子ども」「マッチが使えない子ども」……と、現代の子どもの「できない姿」がさまざまに指摘されたが、いまや先生になろうとする人たちがこのようなありさまなのだ。

生活科の時間などを活用して、子どもの素体験を豊かにしよう、と励んでみても、学校時間のなかだけでは所詮《しょせん》、焼け石に水である。生活台といわれた日常生活の丸ごとを射程に入れないかぎり、目に見えた「生きる力」の形成はあまり期待できないだろう。

「分数ができない大学生」も放置できないことだが、「虹を見たことがない大学生」や「つくしを見たことがない大学生」も困ったものではないか。

とくに、これから教員になろうとする人や、将来子どもの保護者になる人自身が、自然に対する素体験が乏しければ、当然ながら子どもたちに与える負の影響も計り知れない。

だからといって「芝生の上で寝転がる」体験を、意図的計画的に実施しようとすること自体まことに陳腐なことだ。「ほんものの虹を見る」体験についても同様で、オーロラならまだしも、それをわざわざ身構えて実施するようなものではないだろう。

自然体験というものは、本来、生命体である人間がおこなうごく自然な行為として、子ども時代から日常的に、あるいは必然的になされて当たり前のことだったはずである。それが、今日では暮らしのなかで、当たり前にできなくなってきているのだから、これはやはり「異常の日常化」というほかない。

とりあえずは、このような実情を共通に把握しながら、子どもたちに総合的で多角的な見地から教育と子育ての活動を進めていくしかないだろう。

単純な反復練習による学習も、「世の中を知る学習」も全否定はしないが、子どもたちの五感が磨かれ、感性が洗練される豊かな生活経験の場と機会の充実を訴えたいところである。

タブレットを指先で黙々と操る子どもの姿。その一方でほんものと出会い、全身でわくわく学ぶ体験というものを疎《おろそ》かにしたくないものだ。

学校が地域や家庭にも呼びかけ訴えて、その価値を説き、子どもたちにそれらを協働で保障していくことが必要な時代を迎えている。

授業で非日常の世界を愉しむ

彼岸花が並んで咲く秋が巡ってくると、思い出すことがある。

教師になって三年目のことだ。一〇年ほど先輩にあたる堀田先生が笑顔で語ってくれた。

「こんどの図工の時間、彼岸花を子どもたちに描いてもらおうと思っている」

ここまでなら、そんなに気持ちを揺さぶられることはなかった。だが、堀田先生はこうつづけたのだ。

「理科室で暗幕を引いて、バーナーの明かりだけを頼りにして……」

その日が楽しみでならないと語る堀田先生の表情に、こちらの胸は激しく躍った。

彼岸花は、夕方になると燃えるような深い紅色に変わる。それを思うと、頭のなかには子どもたちが夢中になって描くようすまで浮かんできた。

秋の光が注ぐ澄み切った教室で、子どもたちが一本の彼岸花に向かう。それも悪くはないだろう。だが、場所を理科室に変え、バーナーの明かりの下で描く。

この着想は、子どもたちの制作意欲をいっそうかきたてるにちがいない。

さっそく、自分も理科室で試みた。

暗幕を引いて、バーナーではなくローソクの明かりのなかで、彼岸花を描いてもらうことにした。深い紅色が神秘の世界に浮き上がって、非日常的な空間が生まれた。後ろの壁には大きなシルエットも生じた。子どもたちは黙々と描きつづけた。

ふだんの学校生活とは別の、特別な時間と空間のなかに、子どもたちはわが身を置いた。できあがった作品は、それぞれがとても見栄えのするものだった。

これは一言で表現するなら、日常のなかでの非日常体験といえるだろう。

子どもは日常性の連続に身を任せるよりも、非日常を体験することのほうがはるかに好きな人間だ。ハラハラドキドキ体験が大好きでならないのも子どもの特質である。

教師が授業の場所を変更し、暗幕を引くという着想。わずかそれだけで、非日常の世界が一つ準備されるわけだ。そんなにおおごとではない。

しかし、日常性こそをもっとも重視し、そのなかを正しく歩もうとする性癖の強い教師からすれば、このような図工の授業は鼻つまみものかもしれない。

「光が過度に不足するこのような空間では、まず正確な色作りが困難。しかも、出火や火傷《やけど》の危険性も大きいため、安全性の確保ができない」

このような声も聞こえてきそうだ。

しかし、実際にやってみたところ、そのような心配はまったくの杞憂《きゆう》。当然、安全性の確保はつねに十分すぎるぐらい配慮すべきことであるが、子どもたちのほうがはるかに気を配り、適度な緊張感のなかで意欲的に対象と向き合った。

そこで思うのである。問題は、教師の着想の豊かさ。これが決定的である。それがなければ、始まらないのが非日常的実践というもの。

日常に飽き足らない子どもたちは、いったい何を求めるかといえば、それは明らかである。非現実。つまりバーチャルリアリティの世界に、日常性では得られない刺激と興奮を求めてしまうのだ。しかし、テレビゲームやネットの世界に浸る子どもたちを、いまさら世間でいうところの日常世界に引き戻すことは、もはや不可能である。

むしろ、日常における非日常世界のおもしろさを準備し、こんな世界もあるんだよと、そこに誘うこと。そして、非現実世界と非日常世界のアンサンブルをめざすほうが大切ではないか。そのように思えてならない。

非日常という現実世界のなかで、日常では得がたい「ほんもの」と出会う。そのような体験を一つより二つ、二つより三つと重ねることができる環境にある子どもは、また日常世界においても新鮮な感覚を呼び覚ますことができるのではないかと思うのである。

このような非日常世界のおもしろさを準備するのは、決して教師だけの仕事ではない。子ども自身が、主体的に準備することも重要なことである。

教師がほとんどを主導する授業とは別の、休み時間や放課後の時間に、子どもたちは仲間とともに非日常の学校生活を楽しむことができたのである、かつては。

たとえば、学級園に育つサツマイモの収穫を前に、こっそり試し掘りをして丸かじりしてみたり、飼育しているニワトリのえさ代を稼ぐためにリヤカーを引いて廃品回収に奔走したり、学級新聞をつくるために放課後遅くまで居残りをし、夕暮れの道を仲間と歌を歌いながら家路に着いたり、納豆作りをするために教室に畳とホームごたつを持ち込んだり……。

「近年このようなことが学校でほとんどできなくなってしまった」

そう嘆く教師は少なからずいる。

「放課後こそ、子どもたちにとっていちばん自由で楽しい時間ではないか。下校時刻ギリギリまで有効に使っていいよ」

そんな台詞《せりふ》は最早よみがえらないのだろうか。

子どもはカリキュラムの「表街道」ばかりを走らされ、しかも六時間目のチャイムと同時にパートタイマーとしての任務をきっぱり終える。そして、つぎのステージに向かう。

「しょせん学校なんて、一日の一通過点さ」

このようなイメージが子どものなかにますます固定化していくのだろうか。子どものみならず、教師もまた学校イメージを淡白なものととらえる傾向が増えていくなら、いよいよ学校文化の多様性、豊穣性《ほうじょう》は衰退するばかりである。

子どもの裏文化が形成されにくい時代なら、せめて教師の豊かな着想力をフル稼働させ、授業という表文化の場で非日常的世界の刺激と興奮を子どもたちにたっぷり提供したいものだ。

演壇からいろんな教師が見えてくる

どうしてこんなに反応が違うのか、と不思議に思うことがある。

講演を頼まれ、話をしているときの参加者の反応である。ほとんど同じエピソードを話していても、まったく反応のない土地もあれば、過剰なぐらい熱い反応が返ってくる土地もある。

もちろん話す者にとっては、後者のほうが心地よいに決まっている。

地域性ということにも、大いに関係しているのだろう。まじめすぎて、あまり冗談の通じない土地柄では、どうも話しづらい。ここはウケる場面。そう思いながら気分よく話しても、まったく無反応。そのようなときがある。

芸人さんたちが言う「スべる」という瞬間である。これでは後の話に弾みがつかないので困ってしまう。

「あれっ、あまりウケませんでしたね」なんて、こちらがわざわざ催促して、やっとどよめきが起こる。

噺家《はなしか》は高座に上がり、客の顔を見てから、即座に枕を変えることもあるそうだ。さすがだと思う。できることなら学びとりたいところだ。

やはり大阪の人間は「お客に笑ってもらってナンボのもんや」という観念があるからかもしれない。

授業を参観していても、笑いを取りながら、子どもたちと一体になって授業を進めている教師には好感が持てる。

ついでにいうなら、大阪の子どもは、やさしい教師・きびしい教師、そしておもろい教師の三拍子そろった教師を求めているにちがいない。

先日、鹿児島で土地の教師と話をしていると、こんなことを聞かせてくれた。

「四月に、大阪から転校生がやってきました。その子どもの親がおもしろい人で、わが子に『毎日、学校で三回笑いを取ってこい』といっているそうです」

さもありなん、だ。

講演することで、もう一つ気になっていることがある。それは、自分が話を終えたあとだ。主催者代表、あるいは司会者が謝辞を述べられる。

その際、だいたい四つのパターンが見られるのだ。一つは、簡単に礼を述べられるパターンだ。それにはこんな注釈がつく。

「ここであれこれ申しますと、講師先生のせっかくのいいお話の余韻をこわしてしまうことになりますので……」

これは、あっさりしていて、だれにとってもありがたい締めくくり方である。

二つ目のパターンは、私の話の内容にはほんの少しふれるだけで、そのあと、かなり長めに持論が展開されるケースだ。まれなケースではあるが、これはまったくいただけない。不愉快ですらあり、どーっと疲労感が押し寄せてくる。

三つ目のパターンは、私の話のポイントを何点かにわたって再整理し、過不足なくコメントをつけられるケースだ。これは、的を射ている場合と、そうでない場合の二通りあるが、的確にポイントをおさえ、さらに、私の表現をそのまま引用されている場合は、すこぶる気分がよい。こちらの意図するところを、こんなに鋭くていねいにキャッチしていただいたのか、と非常にうれしくなってしまう。

四つ目のパターンは、私の話のポイントを何点かにわたり再整理し、私自身がまったく気づいていなかった点にまで内容を深めて、コメントしてくださるケースだ。

これには頭が下がる。そうだったのだ、とこちらの浅はかさにあらためて気づき直し、新たに学ぶことができるため、収穫はとても大きい。メモしたいほどである。近々、講演会の司会などに当たる予定のある方は、くれぐれも二つ目のパターンだけは排除されますよう。

さらに、最近は「参加者へのアンケート」用紙が用意されていて、講演内容の評価が記されるケースがほとんどである。まさに「授業評価」であり、アセスメント社会の象徴だ。しばらくすると自宅にそのコピーがどっさり送られてくるのだが、それを開くときの心境も、人間ドックの結果表を開くときとまったく同様だ。

そのほとんどは肯定的なコメントが書かれていて、胸をなでおろす次第だが、なかにはこちらが反省すべきことを率直に指摘してあり、今後の参考にと思うこともある。

「先生の話をお聴きして、いま自分がやっていることでよかったのだと、自信がつきました。不安や迷いが消えました」

このような感想を読むと、うれしくなってしまう。

目まぐるしく変化する今日の教育状況にあって、新たな情報を求める人もいるだろう。だが、多くの人は、いま自分がしている実践に多かれ少なかれ不安感をいだいているわけだ。うらを返せば、多くの人が自分の実践への支持や共感や承認を求めているのだろう。

現場最前線にある先生たちが、元気を失ってしまえば、教育に希望はまったく消え失せてしまう。それは明々白々なことである。だから「元気の出る話をしてください」と求められると、ついつい承諾してしまう。転校生の親ではないが、「笑いの二つや三つ取ってこよう」と思うのである。

おかげで、居眠りをする参加者は皆無。といいたいところだが、じつは皆無ではない。最近の傾向としてとくに気がかりなのは、初任者研で居眠りをする人がごく一部ではあるが見られる点だ。これは研修担当者も認めざるをえない事実らしい。本人は居眠ってはいけないということは強く自覚しているようだが、身体がどうしようもなく別世界に向かってしまうようだ。

毎日フル稼働でくたくたの極みなのだろう。そこへ、さまざまな研修が準備されていて、身体がついていかなくなっているのではないか。まことに深刻な事態である。

子どもたちの学習意欲が高まる授業

「きょうの算数は、オイラーの法則について学びます」

子どもたちは教室の前のスクリーンを見つめながら、ひたすら教師の説明に耳を傾けている。

ここは六年四組の教室。

「まず三角柱の頂点の数、辺の数、面の数を調べてみましょう。つぎに四角柱、五角柱についても調べますが、いまからグループで実際にそれぞれの角柱を作りなさい」

先生は三七歳、男性。終始おだやかな表情で、子どもたちに向かって静かに語りかける。時間がゆったりと流れる感じである。

あらかじめ用意されていた材料が配られ、子どもたちは四人ずつのグループで三角柱を作りはじめた。素材は両端のとがった爪楊枝《つまようじ》と、細いウインナソーセージを一センチ幅に刻んだもの。

ソーセージを鼻に近づけたり、口に入れようとする子どもは皆無。与えられた課題に、手際よく取り組む。どのグループも形の整った立体を短時間で完成させた。

自分たちで作り上げた立体で確かめながら、ワークシートに辺や頂点の数が書き込まれていく。

「さあ、なにか法則は見つかりましたか」

子どもたちは待ってましたとばかりに手をあげ、自分の意見を述べていく。

だが、指名された子どもの多くは、先生に向かって答えていた。その姿だけは不満だった。せっかく子ども同士の学び合いを促すために座席まで工夫されているのだから、発表する子どもは多くの仲間に向かって発言すべきだ。そう指導すべきである。

「では、十角柱なら頂点の数、辺の数、面の数はそれぞれいくつになるでしょう」

先生の問いに対して、全員がワークシートに素早く書き込む。

残り時間五分になったところで、先生は子どもたちに「算数日記」を書かせ、発表するよう求めた。振り返りの時間である。それはつぎの三点から構成されている。

①きょう、学んだことはどんなことか。

②新しくわかったことは何か。

③きょう、学んだことを友だちに説明できるよう文章化しなさい。

この①や②は「振り返りシート」上によく記されている内容だ。ところが、③はあまり見かけない。自分が理解したことを相手に伝えることができなければ、その理解は不十分であるという考え方から、この③が重要視されているのだ。

これは学習の定着度合いを示す「学びのピラミッド」でいうところのTeach Othersという手法がみごとに生かされものである。また、子どもたち自身が爪楊枝とウインナで実際に立体を作って確かめたのは「学びのピラミッド」で重視されているPractice by Doingという学習手法が採用されたものだ。

算数の授業のあと、担任の先生の計らいで、私が子どもたちに質問する時間が与えられた。先生に促され、子どもたちの前に立つと、教室の空気は一気に固くなった。これはいけないと思い、第一声はこう発した。

「アンニョンハセヨー」

すると、教室に大きなどよめきが起こり、拍手まで生まれた。空気がなごんだところで、用意していた質問を試みた。

「みなさんがきょう学んだオイラーの法則は、いったいどんなことに役立ちますか」

少し意地悪な質問ですが、と申し添えるよう通訳に頼んで、子どもたちからの返答を待った。

すると、たちまち多くの手があがり、つぎつぎに答えてくれた。

「私は将来、建築家になりたいと思っているので、とても役立つと思う」

「私は家具のデザイナーになりたいので、すぐに役立つと思います」

「ぼくは、いま学んだことはすぐ役立つというよりも、物事には法則があるということを学びました」

「ぼくは将来、映画監督になりたいのですが、きょう学んだことが想像力をきたえてくれると思います」

「私は、何かに使えるというのではなく、深く考える力がつくと思います」

どの子どもも私の顔をしっかり見すえ、歯切れよく返答。その姿には圧倒された。

「すばらしい。ワンダフル」

こちらは何度も同じことばを繰り返すばかりだったが、活用力の育成とキャリア教育は、子どもにとって一体のものとしてあるのかもしれない。そう思えるひとときでもあった。こちらから質問をもう一つ。「ノーベル賞を取りたい人」と尋ねると、みごと全員の手があがったのにも驚かされた。

「最後に、大阪から来た私に質問したいことがあれば、どんなことでもどうぞ」

このように言うと、またたくさんの手があがった。一番目は「大阪で有名な食べ物は何ですか」。これには「た・こ・や・き」と即答すると、オーと全員から声が返ってきた。なんと、ほとんどの子どもがたこ焼きを食べたことがあるそうだ。

「大阪教育大学の自慢は何ですか」

意表を突く質問だったが、「それは、ぼくが教授でいることです」とジョークを飛ばすと、これも大ウケ。

授業中とは一味違った屈託のない姿を見せてくれる明朗快活な子どもたちだった。

これはソウル市内の小学校訪問記のごく一部だが、子どもたちの学習に対するひた向きさ、学習意欲の高さに大きく心動かされた。

この三月に新学期がスタートしたばかりの教室、まだ一カ月もたたない時期の訪問だった。しかし、学級の雰囲気は最高によく、担任と子どもたちの関係もたいへん好感が持てた。

「国家予算の六%を教育費に使っています」という副校長の声には張りがあった。

シティズンシップへの「正しい鍵」

「もしも魔法が三回だけ使えたら」

このように子どもたちに問うてみたら、いったいどんな答えが返ってくるだろう。少し時間を取って、紙に書いてもらってはどうか。きっと、子どもたちそれぞれが切実な願いを綴《つづ》るにちがいない。

「一生遊んで暮らせるようなお金持ちになりたい」「勉強しなくても、いつでも一〇〇点が取れるようになりたい」「新しい自分に生まれ変わりたい」

書かれたものを分類してみれば、案外、この種のことが多数を占めるかもしれない。この種のこととは、いうまでもなく「自分自身のこと」や「直接自分の利害にかかわることがら」である。

いや、それはこちらの予断であって「もっと広角な視野に立ち、社会的な貢献ができるよう魔法を使いたい」と考えている子どももいるかもしれない。

「難民の子どもたちに在留許可を与えてほしい」「家畜が恐怖におびえる輸送はやめにしよう」「飢えに苦しむ子どもがいなくなりますように」「子どもを兵士にすることに反対します」

「平和な地球をつくろう」「お菓子に危険な添加物を入れないで」「子どもの路上生活をなくそう」「いじめはいやだ」「人種差別反対」

これらは、ある女の子の願いである。

その子の名前はヨリンダ。現在、彼女は「たいていのことには満足」しており、「毎日楽しく過ごしている」という。だが「ああしてほしい、こうしてほしいってこともたくさんある」ようだ。

「わたしもいっしょに物事が決められたらずっとうまくいくはずよ」と、ヨリンダは主張する。

そこで、彼女は「思いつくままをリストに」してみた。すると、先に記したような項目が浮かび上がったのだ。

じつは、彼女は『10歳からの民主主義レッスン—スウェーデンの少女と学ぶ差別、貧困、戦争のない世界の原理』（サッサ・ブーレグレーン著、にもんじまさあき訳、明石書店、二〇〇九年）という絵本のなかに登場する架空の女の子。

一〇歳の彼女は、もちろん「直接自分の利害にかかわることがら」についても、つぎのようにけなげにリストアップしている。

「大きなラザニアを食べる回数を増やしてほしい」「今のクラスがいい、変えてほしくない」「学童保育の時間を延長してほしい」「おこづかいを増やしてほしい」「男の子はうるさくていらいらする」「子どもなら誰でもアイスクリームをもっと食べたい」「夏休みをもっと長くしてほしい」「兄たちがうっとうしい」

しかし、この絵本のユニークなところは、単にリストアップするだけで終わらない点だ。ヨリンダがあげた全一八項目について「意思決定が行われる場」がどこであるかを調べていく。たとえば「大好きなラザニアを食べる回数を増やしてほしい」というのは家族。「今のクラスがいい、変えてほしくない」というのは学校。「学童保育の時間を延長してほしい」というのはコミューン。「難民の子どもたちに在留許可を与えてほしい」というのは国会、内閣。

そして、難民や人種差別の問題は、国会内に超党派でつくられた「子ども問題を考える会」があることまで知ったヨリンダは、ぜひその会で取り上げてもらおうと考え、行動に移す。アクセスの方法については電話・手紙・ファクシミリ・メールなどがあり、それらを通じて自分の意見を表明できることや、関係する情報を入手できることも彼女は学んでいく。

また、リストの内容によっては意思決定の場が、欧州連合（EU）であったり国連（UN）であることも知り、それぞれの場で民主主義に則《のっと》って意思決定がなされていく仕組みについても学ぶのである。

そして「飢えに苦しむ子どもがいなくなりますように」という願いなら国連に訴えればよいことを理解したヨリンダは、直接国連の事務総長に手紙を書く。

日本の子どもたちは、ヨリンダのように「直接自分の利害にかかわることがら」だけでなく、もっと多様な内容をリストアップするだろうか。もしそうなら、いったいどのような内容をあげるだろう。とても興味をそそられるところである。

実際に一〇項目ほど書けるシートを用意し、教室で子どもにリストアップしてもらってはどうだろう。子どもたちは「自分自身のこと」や「直接自分の利害にかかわることがら」ばかり列挙するという結果になるかもしれない。だが、そうであったとしても落胆する必要はない。それは学びを始めるチャンスと考えればよいではないか。

「スウェーデンの女の子はネ……」と、ヨリンダのリストを紹介して、自分たちのリストと対比することから始めてみればよいと思う。日本の各地で発生する大震災、原発事故の恐怖、貧困問題、内戦と難民問題など、子どもたちの意識もこれまでとは相当ちがっているものと考えられる。

著者のブーレグレーンは述べている。

「本書は、自分の声を外に発信したくても方法が見つからないあなたのために書きました。鍵のかかったドアがあるとします。ドアを開けるには、正しい鍵を持たなければなりません。」

たしかに「正しい鍵」を持つことは市民として大切なこと。だが、私たちは子どもがどのようなドアの前に立っているのか。まず、それを知ることから始めねばならない。

子どもが入り込める「すき間」

近年「二分の一成人式」を実施する小学校が増えている。

満一〇歳になった小学四年生を対象としたお祝いセレモニーである。二月に実施される理由は、できるだけ多くの子どもが一〇歳に達している時期を選んでのことだ。

ところが、このセレモニーの目標たるや「一〇年間自分たちを支えてくれた人に感謝と成長を伝える」というものが大半で、これには少々首をかしげてしまう。

感謝と成長。これが悪いとは思わない。自分の成長を仲間とともにあらためて見つめ直す機会は重要だろう。もちろん、しっかり配慮すべきことはたくさんあるが。

しかし、それだけで終わったのでは、せっかくのセレモニーも半分の値打ちしかない。「これまでの一〇年」を振り返ると同時に「これからの一〇年」に目を向けて、今後自分は何をめざし、どう生きるかを互いに語り合う場としたいものである。

仲間の意見を聴きながら、また先生や上級生や保護者の期待に耳を傾けながら、これから先の一〇年について、抱負や決意を述べ合う機会として「二分の一成人式」は有効なセレモニーになりえるはずだ。

が、さらに肝心な点は「このセレモニーをやるか、やらないか」を子どもに問うことである。教師サイドからの宛《あて》がいぶちではなく、子どもたちが討議を重ね、自分たちで実施について決定を下すこと。このプロセスを経てこそ「二分の一成人式」の意義はいっそう深まる。

「先生、遠足や運動会などの行事はやるって決まっているのに、どうして二分の一成人式だけは、やるか、やらないかを子どもが決めるのですか」

このような鋭い質問を発する子どもが一人でも出てきたらうれしいかぎりだ。よくぞ聞いてくれましたとばかりに、教師は笑みをたたえ、そして子どもたちに問い返そうではないか。

「とてもいい質問です。いったい、どうしてだと思いますか」と。

「二分の一成人式」という学校版成人式は、まさに貴重なイニシエーションの場である。あと数カ月で高学年になるというこの時期だからこそ、自分たちで話し合い、自分たちで決定することの意味合いを子どもが自覚する絶好の機会だ。

話し合いの結果、ぜひ実施したいということになれば、そのテーマや内容についても子どもたちの多様な意見が反映されるように十分配慮したいものである。

お祝いだからといって、単に歌って踊ってひとときを楽しむというのでは、まったくいただけない。趣旨をふまえ、教育的アドバイスも挟みたいものだ。

アドバイスの一つは、児童会役員選挙の投票権が「二分の一成人式」を迎えた学年の子どもたちに与えられるということだ。近年、児童の減少傾向も手伝って、児童会役員の選挙権も被選挙権も高学年からではなく、四年生から当然のように無自覚に与えられる向きもあるが、これでは教育的アドバイスが欠落しているといわねばならない。

「二分の一成人式」の式次第のなかに、仮称「選挙権と被選挙権獲得の儀」を設けることを提案してはどうか。そこでは、児童会会長が中心となって厳粛にメッセージを述べ、そのあと「選挙権と被選挙権の獲得」を証する手作りのカードかメダルかカギを四年生一人ひとりに手渡すというのも意義深いセレモニーになるではないか。

これを受けて四年生が「新二分の一成人」となった自分たちの抱負や決意を高らかに述べるのだ。児童会活動への積極的な参加を宣言して、すばらしい学校・学年・学級・仲間・自分をつくっていくための具体的なビジョンが提案されるなら、この上なくすばらしいことである。どうしても四年生から選挙権も被選挙権も与える必要がある学校は「二分の一成人式」を四月に繰り上げてでも、この権利獲得の儀だけは厳粛におこないたいものだ。

なぜ、そこまでこだわるのか。その理由はただ一つ。いま、児童会活動の活性化がとても重要と思えてならないからである。自分たちの社会は自分たちでつくり上げる、という当事者意識を育む教育が今日あまりにも疎《おろそ》かにされてはいないだろうか。

すでにある決まりやルールを守ることばかりが強く教えられ、それらは変えたり新たにつくったりすることができるということはほとんど教わらずに学校社会を通過していく子どもたち。そして一八歳になると、いきなり選挙権が与えられるわけだが、その権利は宝の持ち腐れになっているのが実態である。国会議員選挙の年齢別投票率を見れば一目瞭然だ。二〇歳代の投票率は毎回最悪なのである。

しばしば若者の政治離れや社会的関心の薄さが指摘されるが、本人たちからすれば「こんな人間にだれがした」と言いたいにちがいない。

長きにわたる学校社会を通過するうちに、社会参加の意識も機会もみごと削《そ》ぎ落とされるわけだ。授業のなかでも、学校行事のなかでも、多くは与えられたレールとルールの上を走らされ、当事者としての主権者意識が育まれることはあまりない。

給食活動への子どもの参加一つをとってみても、お当番として配膳や片づけという「現状維持的な参加」はあっても、メニューの選定や改変などの「現状改革的な参加」はほとんどないのが現状である。運動会の種目選定、遠足などの行き先選定、そして毎時の授業においても子どもの積極的な参加機会が保障されるよう努めるべきではないか。

「指導案には適当なすき間を作っておき子どもがいつでもそのすき間に入り込めるようにしておくことが大切である」（お茶の水大附属小・長坂利厚）という主張にはまったく同感である。

指導案に限らず、あらゆる教育活動において子どもの意見が入り込める「すき間」を設けること。そこから正統な教育活動は光を放つ。

学校でシティズンシップをどう育てるか

〈売店にペプシNEXを置いてください。NEXエネルギーが切れて倒れそうです。〉

大学生協の掲示板に貼《は》られた「ひとことカード」の一枚だ。投稿した学生のペンネームは「やきゅうのおにいちゃん」。

ハードな練習に耐える野球部の学生が、切実な願いを一枚のカードに託したのだろう。それに対して、生協の担当者がこのように返答している。

〈「やきゅうのおにいちゃん」さん。大丈夫でしょうか。○月○日に入荷します。それまで倒れないで下さいね。ペプシNEX登場しますが、売れ行きが悪ければ消えてしまいますので、NEXエネルギー源の仲間を増やしてください。〉

すぐさま、このような気づかいと機知に富んだ返事が掲示されると、当の学生は「書いてよかった」と、心地よい気持ちに包まれたにちがいない。

もう一枚紹介しよう。

〈食堂の店長は、すもう部屋めざしているのですか。〉

切実な願いなど、カケラも感じられない内容である。きっと「店長」のあまりの体格のよさに、からかい半分で投稿したのだろう。だが、この種の内容に対しても返答がなされる。

〈目ざしてないでごわす。〉

思わず笑ってしまったが、同時に「店長」の度量の大きさにも感心した。

投稿した学生は「とっつき悪そうな人だけど、いい人なんだ」と、あらためて「店長」の人格を見直したにちがいない。

大学の生協職員と学生との愉快で心温まるコミュニケーション。それはかつて『生協の白石さん』（講談社、二〇〇五年）という本で一躍脚光を浴びた。しかし、いまなお、大阪教育大学においても他の大学においても、生協版コミュニケーションは持続している。

学生が切実な要求を持っているなら、その場で直接相手にぶつけたらよさそうなものだ。ところが、ワンクッション置いてカードに書くと、抵抗が少ないのだろう。一方、返事を書く側も、気持ちにゆとりを持って書ける。

学生はいつ自分への返事が貼られるのか、待ち遠しいことだろう。だが、待つ間というものには特有の味わいがある。

そして、自分宛のメッセージを見つけた瞬間。それは、決して大袈裟《おおげさ》なことをいうつもりはないが、「自分のことをこのように振り向いてくれる人がいる」「自分は見捨てられてはいないのだ」と、自身の存在感をあらためて感じるにちがいない。

若者が人とのつながり、すなわち「絆《きずな》」というものを実感するのも、このような瞬間なのだろう。

「ひとことカード」に記した自分のつぶやき。それが受け入れられて、たとえば「ペプシNEX」が生協の店先に並ぶ。それは学生が受動的な消費者から、能動的な消費者に進化したということだ。

やった！という手ごたえ。成就感。

これが貴重なのである。自分の切実な願いを「外」に働きかけ、実際に「外」が少しなりとも改善される。このような体験は、小さなことであれ大事なことである。

つぎのような国際比較調査の結果が公表されている。

「私の参加により、変えてほしい社会現象が少し変えられるかもしれない」という項目に対して、「そう思う」「どちらかといえばそう思う」と答えた若者（一三歳〜二九歳）の割合は、日本30・2％、韓国39・2％、アメリカ52・9％、イギリス45・0％、ドイツ52・6％、フランス44・4％、スウェーデン43・4％である。（内閣府『平成二六年版子ども・若者白書』）

日本の若者の社会への参加意識がきわめて乏しいことがここでも明らかにされた。その原因については、多面的な観点から探る必要があるだろう。しかし、原因の一つは、同調査のつぎの結果から透けて見えるのである。

同白書によると「社会をよりよくするため、私は社会問題に関与したい」という項目に対して、「そう思う」「どちらかといえばそう思う」と答えた若者の割合は、日本44・3％、韓国60・4％、アメリカ64・3％、イギリス57・1％、ドイツ76・2％、フランス50・9％、スウェーデン52・9％である。

自分の身のまわりや社会への関与体験が乏しいため、問題解決を図り、成就感を味わうということがほとんどなく、参加意識の低下と社会変革に対する無力感をいっそう助長しているのではないだろうか。

大阪教育大学では「シティズンシップを学ぼう！」という科目を開講して、六人の教員がオムニバス形式で講義と演習をおこなった。私は「学校で市民性をどう育成するか」を主題としたのだが、受講した学生の「コミュニケーション・カード」を読むと、先のデータを裏づけるような内容に出くわすことがとても多かった。

〈今まで、自分の意見一つで大きな身の周りの変化をもたらすことが一度もと言ってよいほどなかったので、二〇歳になり投票権を得ることになっても、たかが自分一人の意見で何も変わらないだろうと思って、選挙を疎《おろそ》かにしてしまいそうです。自分のような人は少なくないと思うので、やはり小さいころから高校生、二十歳前までの時点で、自分の意見が反映されたこ

とに大きな喜びが見出せるような機会を学校側、地方で作っていくべきだと思いました。〉

もちろん学校差や地域差はあるだろう。しかし、目の前の「学力向上」に追われ、参加意識や学習意欲の削《そ》がれた無力感いっぱいの子ども（市民）を育ててしまわぬよう、細心の注意を払いたいものである。

何のための「学力向上」かという根本的な問題意識を、いまこそわすれてはならない。

園田雅春（そのだ まさはる）

1948年、京都市生まれ。大阪成蹊大学教授。大阪教育大学大学院教育学研究科修士課程修了。大阪府高槻市立小学校教諭、大阪教育大学教授、同大学附属平野小学校長（併任）をへて現職。近著に『自尊感情を高める学級づくりと授業』（雲母書房、2013年）、『いま『学級革命』から得られるもの―小西健二郎の実践思想とスキル』（明治図書出版、2010年）など。

自尊感情が育つ元気教室

2016年８月31日　初版第１刷発行
2024年８月15日　初版第４刷発行

著者　園田雅春

発行　株式会社 解放出版社
大阪市港区波除4-1-37 ＨＲＣビル３階 〒552-0001
電話 06-6581-8542　FAX 06-6581-8552
東京営業所
東京都千代田区神田神保町2-23 アセンド神保町３階 〒101-0051
電話 03-5213-4771　FAX 03-3230-1600
ホームページ　https://www.kaihou-s.com/

印刷　デジタル・オンデマンド出版センター

ISBN978-4-7592-2037-7　NDC375.1　231P　19cm
定価はカバーに表示しています。落丁・乱丁はお取り換えいたします。